Euro European Championship Soccer History and Activity Books for Kids

Disclaimer

Copyright © 2024

All Rights Reserved.

No part of this book can be transmitted or reproduced in any form including print, electronic, photocopying, scanning, mechanical or recording without prior written permission from the author.

While the author has taken utmost efforts to ensure the accuracy of the written content, all readers are advised to follow information mentioned herein at their own risk. The author cannot be held responsible for any personal or commercial damage caused by information. All readers are encouraged to seek professional advice when needed.

European Championships History

The UEFA European Football Championships (also called the Euros) is arguably the most entertaining and competitive soccer championship in the world. It has a long and storied history of over half a century.

Henri Delaunay was the first person the propose the idea of a football championship only for the European continent, in 1927. However, the first European championship actually happened in 1960 in France. It was first called the European Nations' cup and only 4 teams participated – Soviet Union, Yugoslavia, Czechoslovakia and France. Soviet Union were the inaugural champions.

Over the next few decades, the tournament gained more popularity with more teams participating. In 1980, the tournament expanded to 8 teams for the first time.

The tournament was renamed the UEFA European Championship in 1992 and expanded to 16 teams. One of the highlights of the tournament came in 1992, when Denmark qualified for the tournament at the expense of Yugoslavia, which was disqualified due to the Yugoslav wars. Denmark went on to win the tournament which was a great underdog story.

In the year 2000, the tournament was co-hosted by Belgium and Netherlands which was the first time that the tournament was held in more than one country. The greatest underdog story in the tournament history, and maybe in sports history, happened in 2004 European championships, when Greece won the championships.

Greece was ranking outside the top 20 in the world and was unfancied to win the tournament. They had very few players participating in the top leagues in the world. Greece's run in 2004 was due to disciplined defence and great counterattacking play. They emerged out of a tough group stage which had hosts Portugal and Spain. They beat France and Czech Republic in the knockouts before beating hosts Portugal in the final.

In 2008, the tournament expanded to 24 teams, which allowed a large portion of European countries to participate in the tournament. The tournament has since played an important role in promoting unity among European nations. In 2020, the world was badly affected by the Covid pandemic and as a result, the European Championship did not take place as scheduled. It was postponed to the summer of 2021, where it happened with no crowds in the stadium and the players living in a bubble of their own with no contact with the outside world.

European Championships Winner List

Germany (1972, 1980, 1996)

Spain (1964, 2008, 2012)

France (1984, 2000)

Italy (1968, 2021)

Soviet Union (1960) *

Netherlands (1988)

Denmark (1992)

Greece (2004)

Maze 1 - Find the Trophy

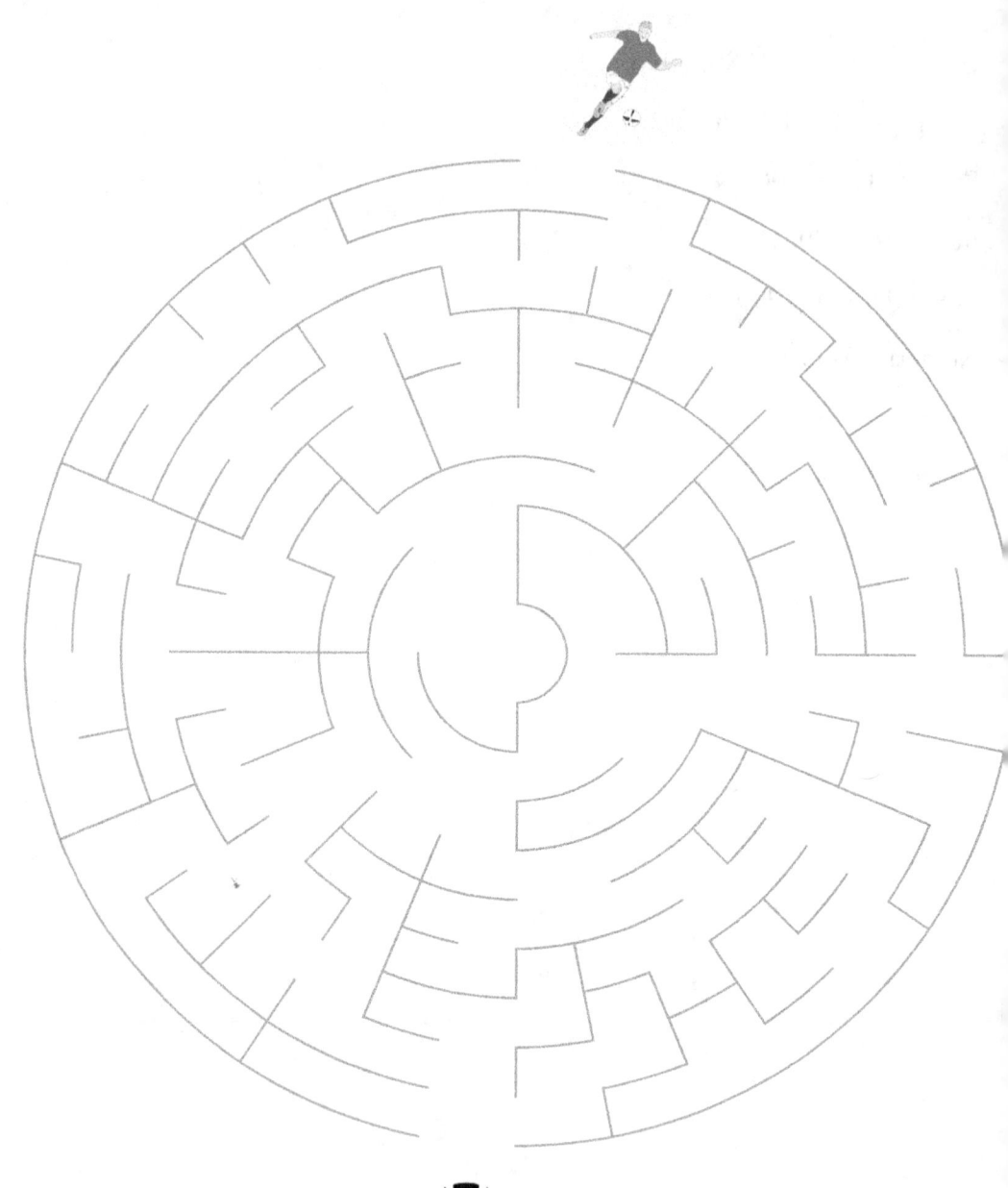

Maze 2 - Find the Trophy

Maze 3 - Find the Trophy

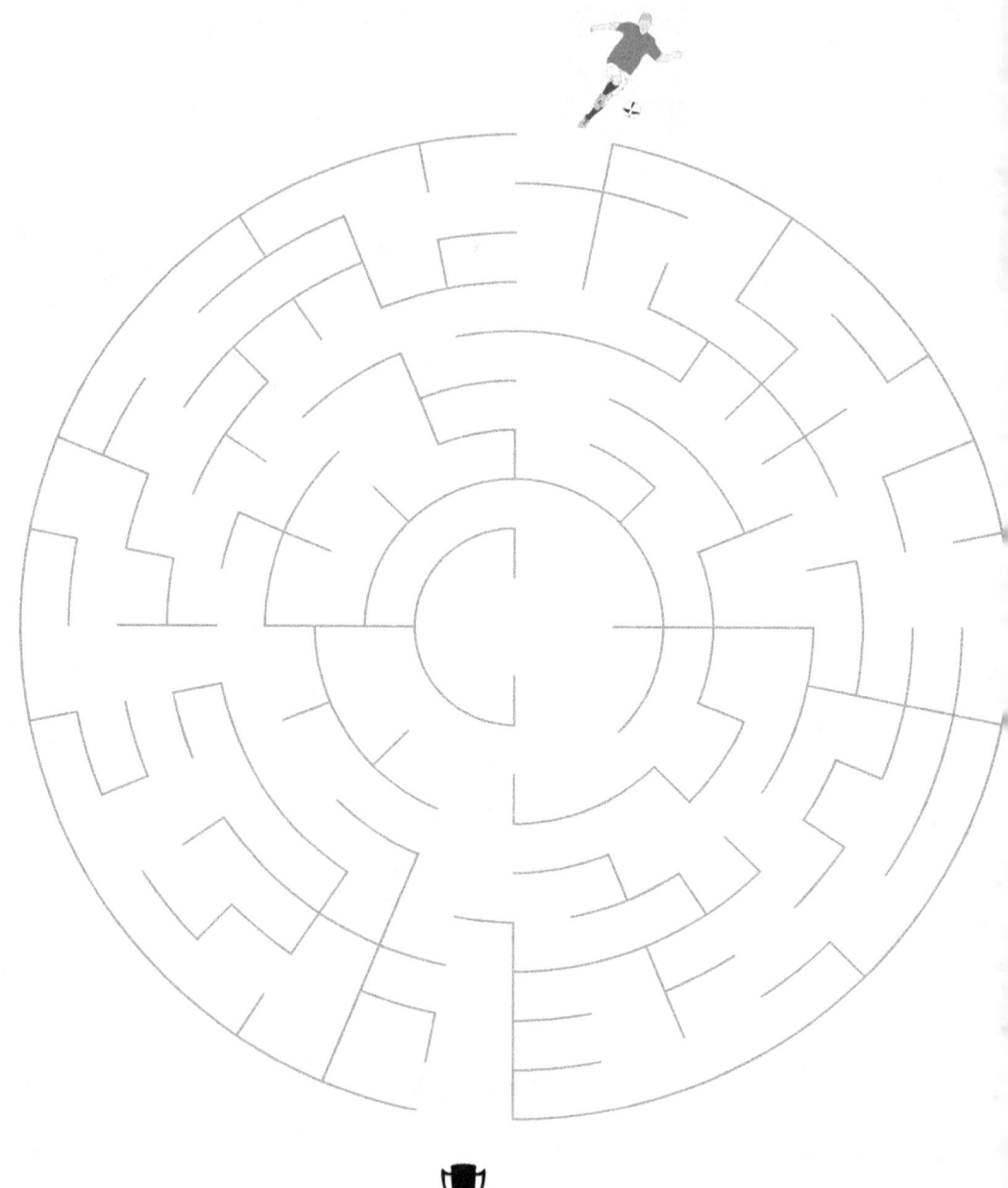

Maze 4 - Find the Trophy

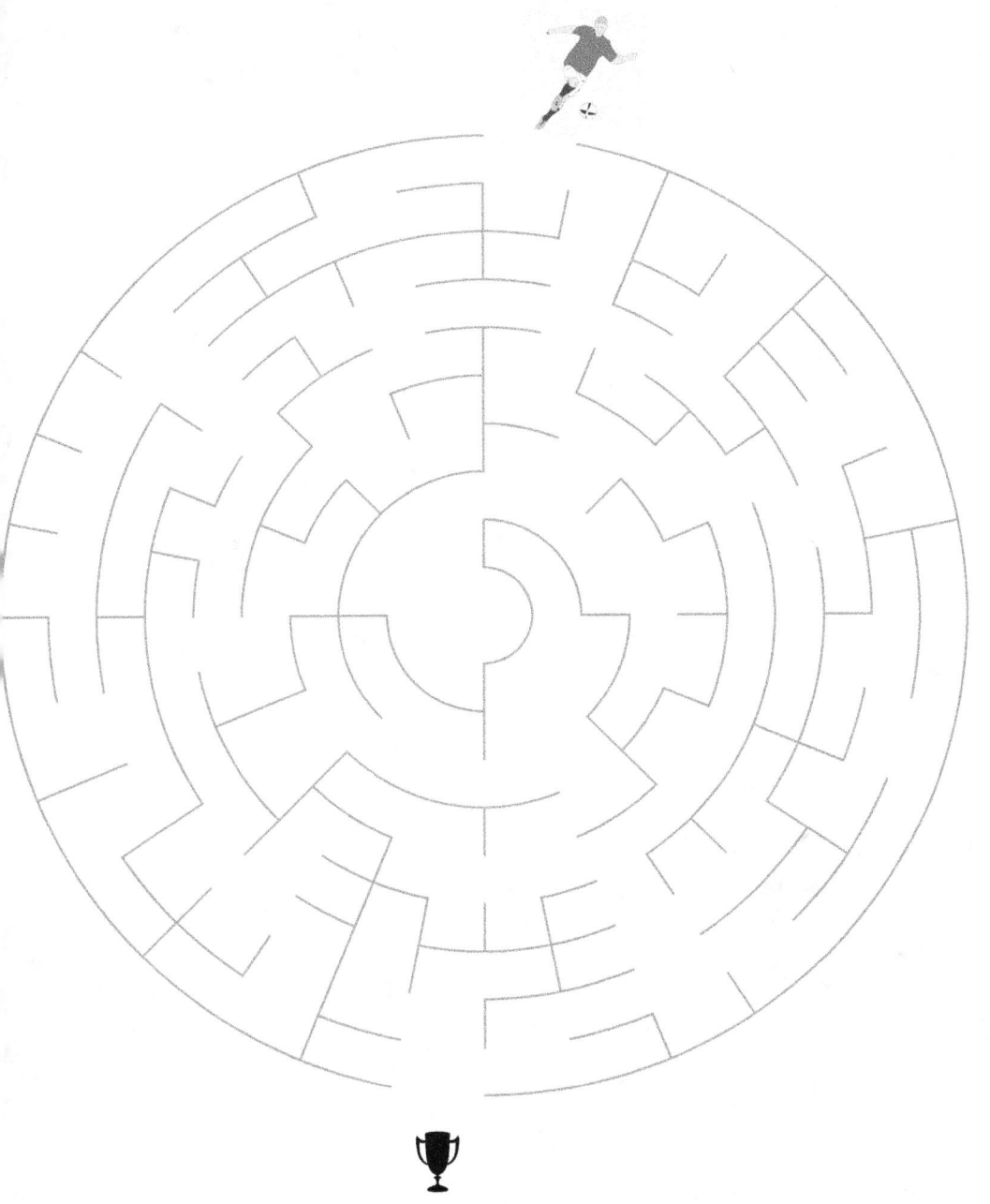

Maze 5 - Find the Trophy

Maze 6 - Find the Trophy

Maze 7 - Find the Trophy

Maze 8 - Find the Trophy

Maze 9 - Find the Trophy

Maze 10 - Find the Trophy

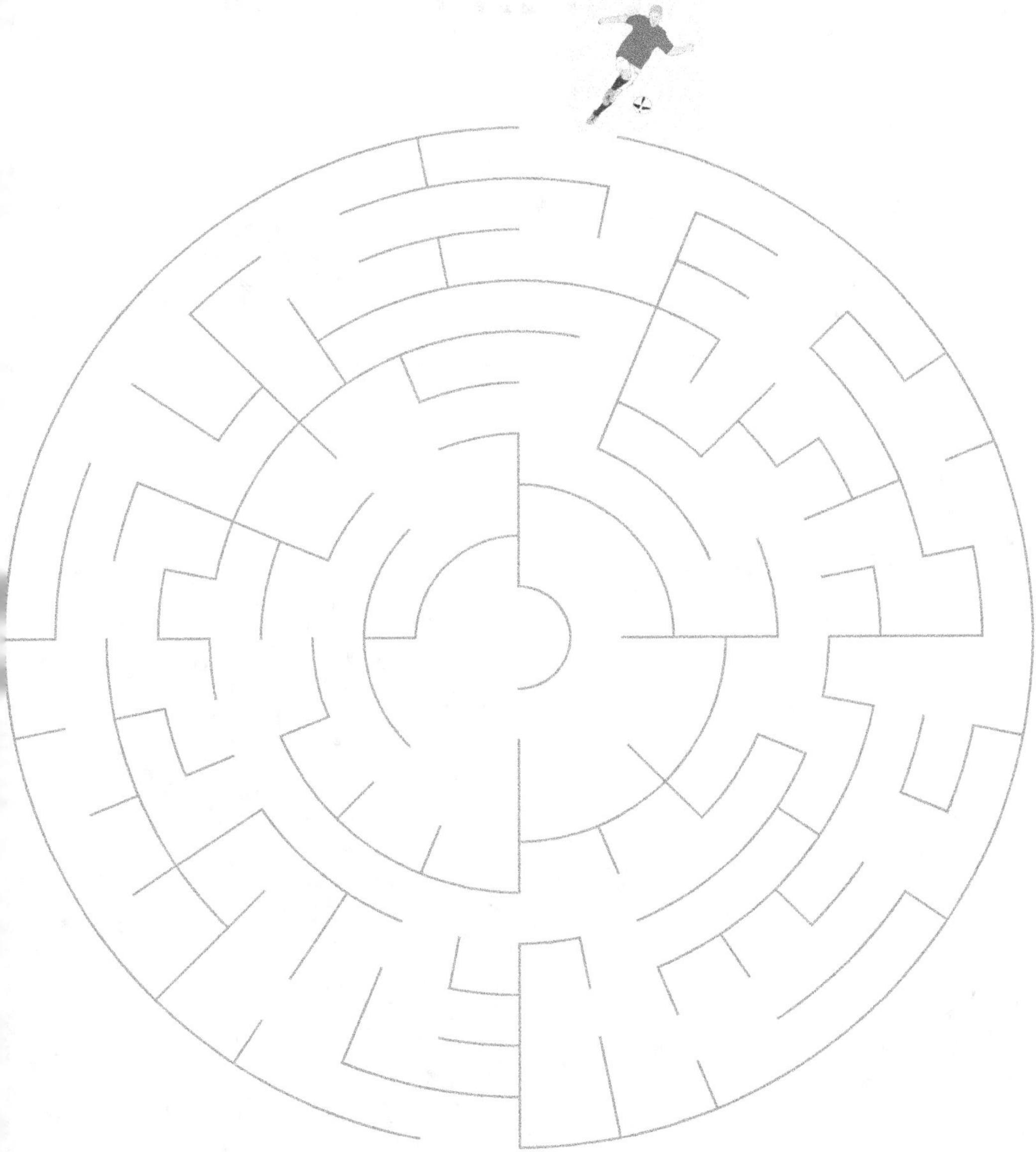

Euro Countries
Former/Present Participants

```
W I X A S Z A J C K Y T G Z L W A U
D T F K A Z A K H S T A N D A F B O
M Z Y L L R K Z U E Y J W W T J Y U
C Q G U C S P L X J C F H N V F C X
F Q V X B O G H Y S A H B S I E L I
U C X E F P M H T I F E I Y A D I H
H E Z M M W W C K E B G X B B E E Q
J O K B L R N F N Y D N E H X Y C D
K O S O V O R A D U R F A D Q T H S
G J X U H H Z N O X J S P V M Q T C
C N V R T I M O L D O V A F J B E X
X L T G Q H V A C O N S E H T F N O
D F U I K G I Q K Z X E N E I V S K
R F J M A L T A W N A B Y N S M T A
I E P M X A A B N Q I U G Z R T E N
R T U D U V L I T H U A N I A T I S
G Y R W T W Y Y D Y O F G S E Y N R
V C M L S Q M F O D T K K B L V U G
```

Italy
Kosovo
Lithuania
Liechtenstein

Malta
Latvia
Kazakhstan

Israel
Moldova
Luxembourg

Euro Countries
Former/Present Participants

```
V E S T O N I A W D Q W G B Y C M F
O Y C I V Y Y R T Z U G B U G Z I N
Z R L L Z S I O F M T M Q E V S Z W
P I T R Z G F O T B L Z Z O N O V J
O X Q Z X E N K G O E Z S Q R Y V N
G C S R A O C I S J M E W D V L K F
Q M N R B R R X M P G T C J R V H A
F K N X R G R C B U G E R M A N Y R
H M G D X I G L H B D K R T F E O O
S B Q V Y A I L A W E P L M O I V E
V W E D Y X B G L W N U L X P Q N I
G Y V C P L R R V T G W R N Q N D S
M Z D U F H A L S G L K H B N D B L
T T S G R G L S O U A V C F N Q S A
R Z D O A M T E V O N H W M R X V N
L D D E N M A R K P D C X R X A X D
H C Z E C H R E P U B L I C A F Y S
G G L H E R I A B F I N L A N D C M
```

France   Denmark   England
Estonia   Finland   Georgia
Germany   Gibraltar   FaroeIslands
CzechRepublic

Euro Countries Former/Present Participants

```
M G G S E Q Y A B I T N A X H
F N B V U V T Z E E W A U B L
D A Z J M O W E R P G X S A W
B K S H R N B R K K C H T Y P
G X E A U T O B G G Z E R P X
G B L V U F B A R M E N I A X
R O S S A X G I V N H C A R O
X L W J L D F J K N S R E R D
B G A H B E L A R U S O G J H
E R U W A E Q N M G B Z M O G
L J D F N E J O R F Z Y N E B
G W I V I L P V P Q C Q J M O
I C E L A N D O R R A B Q D K
U Y R G W Y W F B O S N I A H
M K S J B U L G A R I A O U I
```

Bosnia
Andorra
Belarus
Azerbaijan

Iceland
Armenia
Belgium

Albania
Austria
Bulgaria

Euro Countries Former/Present Participants

```
S M H P S N O R U S S I A H
E B D S C O T L A N D D N A
R G C X H R R J N T K D N L
B S N B X W C Q W X H M I I
I S A N M A R I N O V A T U
A I F O Q Y Z S R I K C Q C
E R P O R T U G A L R E C A
Z E X A V P W P I K O D D G
Y L T I I N H F X Z M O Z P
L A E W D V F M O O A N L N
S N O N N O Y K Z M N I R C
K D B U Q C A Z P S I A B V
S X U Z H O C P O L A N D W
U N D Q R H N Q Q Z I L N D
```

Norway
Serbia
Portugal
SanMarino

Poland
Ireland
Scotland

Russia
Romania
Macedonia

Euro Countries Former/Present Participants

```
C N H U N G A R Y M O T W Q F K
P L F H B G C L Z M S P A C D N
G Z R B A R I Z V A P X L Y W Z
T X X A W H F B M T R C E P I U
O B G Q U F H H F J X H S R E G
J U H J Q O L Q Z O C E L U L P
O A B O Q U L M G F O N P S O O
P I I Y S A Z R J O Y E B Z S S
X J S D F A I D S S W E D E N P
E I G H T O R M Q L B T F D T A
J D N M U Y E H D O T W V L F I
I H N L R I L V E V V O Y Z L N
H T U U K R A I N E Q O F V F H
O M N O E R N J X N M E O I J D
U B F W Y D D W H I Y R I Y W Y
Y S W I T Z E R L A N D J M S Q
```

Spain
Turkey
Ireland
Switzerland

Wales
Cyprus
Hungary

Sweden
Ukraine
Slovenia

Euro Host Countries

```
S A T N A S C K D O O D H T Z
V L I V Q P Q Q I U R M F P T
Q T F R A N C E X F H O B P E
P F A F V C H B L B T N E I N
J E U T O V S C X E A P L I G
V S S E V L R U I L T S L N L
Y Q T O Z A G M M G X P R U A
F A R T P C U G T I E A M S N
U S I P O C Y Z L U B I D B D
L W A Q R G G E R M A N Y D Z
X E R O T F C E L B Z B Q B W
G D C Y U G O S L A V I A J V
S E J V G P T I I U W F I G S
X N U A A A A D L K W Y K N Q R
A I T A L Y E Y T D N K B L S
```

Spain
Sweden
England
Yugoslavia

Italy
Belgium
Austria

France
Germany
Portugal

Golden Ball Winners

I B I R M I A V U Y D S B M U
W Y S D O N N A R U M M A V T
H G C E M I P N C Z G X T V Z
M P P F B E T B X A R T G D E
F H K P Q S M A Z Z I W V W Z
X A V I S T A S L I E H P I A
G S S B L A Y T L D Z B S T G
O S S C X V Q E S A M M E R O
J L B V I J Q N Z N A J G E R
K E T L B T O O D E N Z F A A
B R E M N U K S K N N I X N K
J N C F Z J O O P L A T I N I
H S C T T C U X Q X K F N T S
B K L S T K J L P Q B M T H E
F U E X Y Q O D E N J T R I V

Xavi
Platini
vanBasten
Donnarumma

Sammer
Hassler
Zagorakis

Zidane
Iniesta
Griezmann

Euro Losing Finalists

```
E V P V N M L A M Z R T F A P C P V
E S O V I E T U N I O N D X P K N F
C E R L V N L O C P E N S P A I N G
D O T C A Y X U Z A N I R X M M L W
H J U T W Y Y B E L G I U M S U I O
Q U G M P U G O C Y L P O W P Q K C
K Y A E M G R N H N A Y X V A A C R
A S L G B O I C R Z N M R R I W C V
Z J B O J S B P E J D G S F N T L G
K K J R L L Z P P Q H F F O C H X O
L R W Q O A F H U M Z T A K M N N M
R V U C P V Z E B J L G O I C R I T
T H G X W I X Y L I T A L Y Z H B X
Y U M T B A K U I T O F V M R R L U
E A S H F R A N C E Y N J F Y W U Q
Z Y V S B I E K J G L O M K Q Q F S
A T W V W S W G B S I P N E Z K F X
X W X L R Y F R E K F J Q V U H I S
```

Spain
France
Portugal
CzechRepublic
Spain
Belgium
Yugoslavia
Italy
England
SovietUnion

Euro Host Cities

```
Z Z M A Z F K H A E M A V A F
D V C O P E N H A G E N P K X
W V I F P Q A G M Y X U A L B
Y A K D P D K M S G V L Z B C
B W M A C Y E U T Q E V Y U A
W E R P F Z F N E J V G O D J
D L O N D O N I R B I L B A O
D F Z G U C R C D L Y A J P L
B D C G B U C H A R E S T E C
W D S G L P R B M S I G A S I
R G M W I Y N S D P Q O L T E
R Q L Q N F W J B S G W U R O
V V M V F S A T H E N S M G M
S T X S K Y D H N Z Y A D F A
C U U R N Z U P M W P E R G Y
```

Athens
London
Budapest
Copenhagen

Bilbao
Munich
Amsterdam

Dublin
Glasgow
Bucharest

Spot the Euro Player

```
E F O Q H A S O B N D U W Z J Q G G Q
P Y K I B L M Z F J D Z I V O V V P X
V A O L M M U Q Q I X A Q C H I B J D
N D H S L S J V H G L F I F E P U X Q
A P U F K K D S O X M I R M D J F U H
N A S O N P N C G P F G N V F X F U L
T L D I P G A H W X R O N A L D O W U
S C H O L E S W K R S F O Y V I N R C
W F N U A N F E W I M A L D I N I H G
R E H V T B T I S A M I X A V I I L E
Z C O M I X T N T V P O N Y P E W R A
W Z A J N X M S F O B G I M N S W F Z
O Y M R I Z B T H L T H H H Q T L Q R
T I Z I D A N E Y R D T O R N A V Z C
G E R O K K Z I H D Y F L S Z P D P K
L O A Y B Z L G C P J C K R V R F P E
D G Y F P T G E N C I F E V M I X Y Y
T J R A P W K R C F R O L W G U O A N
D R Y I H I Z B U P P J C F F K Z E L
```

Figo　　　　　　　Xavi　　　　　　　Buffon
Zidane　　　　　　Ronaldo　　　　　Scholes
Platini　　　　　　Iniesta　　　　　　Maldini
Schweinsteiger

Spot the Euro Player

```
P B Y K F I L K H W A U D P E H
C M I S Y B E H N R S E O U E J
E S A T Y E W S U C I A L G O P
W W E C T C A I N C B C P C U R
N A L J Y K N L O T L X P A Q O
Y B M J H H D V G N I M F Z M O
V M A T O A O A H V L B Y S N
N W N O D M W A M Z P A B M Q E
X V G V Y O S B E H L H E N R Y
D W Z L P E K O S U A N N W S
P F U R I C I H R D T C Q M N Q
D T Z V R U M M E N I G G E R O
S R A U L D C A Z U N F U K C W
C T T L O D F Q G F I J Y B N B
Z J T J J T P D X B I A G B B S
Y Z R C O C F M S Y Y B F I P Y
```

Raul
Pirlo
Platini
Lewandowski

Henry
Rooney
NunoGomes

Silva
Beckham
Rummenigge

Spot the Euro Player

Figo
Matthäus
DavidVilla
Ibrahimović

Gullit
GerdMüller
Nistelrooy

Ronaldo
OliverKahn
Beckenbauer

Common Soccer Terms

```
N Z T H A C Q L M T W K S A F
Y L X S C Y S I I B X F T A C
U C A P T A I N D M G X R J D
G T Y Q C N K E F X W Z I F T
L G F P U O S I Z H K K S H
W C P F Y W T M E Y H R E Z G
F G I N K V W A L E D V R G B
R O T D E F E N D E R R J I W
Z A C G O A L K E E P E R A R
J L H T D B H V R L E F J K L
B P P C P L R X C M D M N E N O D
Z D K A N Q N C L X V R L W N
X G M F I E L D O E I E W L G
G X M P G U J C O H Z E S R Z
O P P V X I X O X E S A U I Z
```

Goal
Striker
Defender
Midfielder

Pitch
Captain
Linesman

Field
Referee
Goalkeeper

Common Soccer Terms

```
N G T I Q W F W M A W H V R W O
N E M A T C R C V K P H O I N I
E O C F D R I B B L E T R X B Q
H O I F C O O Y M Q N Y T I M B
E F P P A S S Q I T A O B Y O J
A R L Z S S G G N A L L F H C F
D E U Y I E M G L C T Q O S B T
E E N U T M E G X K Y Z R Y O V
R K Z O Q I V Y E L K R E L V T
Y I O L Q R M E M E I T X M S O
X C H C A E B J B Q C I W T E T
M K Y H X D U I I J K X P B T S
G C R B I C Y C L E K I C K J G
D K O T M A W T O K V Y I Z T
I L O M B R E A B M J N N O O U
Z Q A F K D E N R N H T U S D W
```

Pass
Header
Dribble
Bicyclekick

Cross
Nutmeg
Freekick

Tackle
Redcard
Penaltykick

Euro Goal Scorers

```
K G H E N R Y P T V G M E M Y N
B V D D G S E H F E O U B K V M
Z Y K I V F D F J D M W G K W Y
Y S Z B V A U L S H E A R E R Z
J E X R O N A L D O S E I F K X
E G W A B R C V J L T I E S H F
L A H H Z A L W E M H U Z I Z G
W D K I R V P V E O J W M E T C
A L V M B C H U S P E R A D A L
T C Y O J P U Z I J P J N D D I
U H B V E L A Y I V L E N W R R
E D M I L A N G A L I C H F O S
Z O V C K T P C A B V V I Y E N
E V A F Z I C K L U I V E R T X
Z C I G P N Q C J L G N S F W C
I U G A S I Q E U U E E X R Q B
```

Henry
Platini
Griezmann
Ibrahimović

Gomes
Shearer
MilanGalic

Ronaldo
Kluivert
ChusPerada

Euro Goal Scorers

```
M B V Y P J M F W C R Z X R V
M V D N B A G C W Z O B G O X
A F I S Q D D L Z N I L U I L
A G P G P D U Q D G H T O A Z
O C T E F P D J A P Q O W H I
H E N R Y T B P V X Q R K S B
R U U D G U L L I T H R L T T
X D Q M Q D M Q D U H E I O V
Y N T U V S W U V S I S N I I
H U C L P F N X I Q O N S C D
Y L M L B D L G L I N K M H X
U T Y E Z Y B L L H R P A K C
C H T R V A N B A S T E N O D
X K P O N E D E L N I K N V E
A M O O X V Z A G O M E Z E S
```

Gómez
vanBasten
RuudGullit
Ponedelnik
Henry
Klinsmann
DavidVilla
Torres
Stoichkov
GerdMüller

Euro Goal Scorers

```
D B K M O A Z C D U X P X Y H R N
Q M N I L S L I E D H O L M D H W
Q M X L D G P G T I T R C D P K B
N Y U A K L U I V E R T J X B W L
F F C N B M Z C B T D E R T W F A
C I A B U C T T X E N B V K H O N
Z I D A N E L H X R C K W K J B C
B H Z R P O K U I M G I L G U R Y
H D E O F K F R A U G I Q E C D L
Z Z A S Q F J D E L J D S C M X I
S Y I G J W I W O L I U K T R E V
I C H O S R C J E U S O S W K N
W F E K B H Q G E R D M U L L E R
A W N C L U Y I E N X I K H F K U
T A R D E L L I A P B C F O J M O
G X Y U I R V L V T N E Y H P G
L B K Y U P F Z K H Z R T D L L F
```

Blanc
Zidane
GerdMuller
DieterMüller

Henry
Kluivert
MilanBaroš

Šmicer
Tardelli
NilsLiedholm

Euro Goal Scorers

```
E T E S C H W E I N S T E I G E R Q L
R U V C G D V Y A O J T U A M X S Z K
B N G D U K W E J C O E K M U U M Q M
N T W F G Q W L F A H G E G J I Y R A
I I U R M Y G S Q R A W Z T G U R T T
A B K A T S O U R A N I S Z Q F A I T
E V V F X L I B L J C H K J E B I Z H
K A N R I G N L B V R Y Z U F X B U A
B Z T A G R U U D G U L L I T Q F S U
D Q Q N B Y X B G I Y B G H V K S E S
H G S K P A A F S N F C Y E M B U B H
S L Y L L E F C C F S X R W O Q N M
B E A A A O W B H X F Q B N D K R I R
V V K M T D D V O W P M R A T N Z S D
I E E P I A T C L H Z L D N R E F B F
Y Z L A N O V Z E U G A H D H E V V C
K Z C R I N I E S T A Y V E R M D R T
N D S D N X H G U C W V W Z N M W X H
W R H H F J O Y X P K J I Q V V T P E
```

Iniesta
Matthäus
Katsouranis
Schweinsteiger

Platini
Hernandez
JohanCruyff

Scholes
RuudGullit
FrankLampard

Euro Midfielders

```
E I H D G I D C G V V L D E J Z H I P
X R Q R M P N C Z E L Z Z F D X Y Q X
W N R I U O U R Q Q X W O A C O I W I
M A R C O T A R D E L L I S K J B H Z
R E S M W O Y H P O S V N C X E R N L
A L P F X X Q W P Y C B G L G K G W S
I H H S T O N I K R O O S U A Z W P R
G H L U K A M O D R I C T I J E C R K
B R U N O F E R N A N D E S L C A D L
M R W M P A G Z I D D A V F H P V U I
D E B R U Y N E S Z C V E I B L R G I
F I L Y T O N V M Z P Y N G C B D J P
F T A Y G G W F E T E Z G O U D N Y C
C H G H K E C F S X D G E E I H A N V
C Q N R W F P M P O B O R S K Y H W R
N L R B H F D A O Q Y X R F U P E G L
Q B F Q A O I C L I C L A A L Q V R M
J N I X F S D K H X H I R A A M E H L
D A V I D S I L V A K G D Q M J S T Q
```

Didi
Poborský
LukaModrić
BrunoFernandes

LuisFigo
ToniKroos
StevenGerrard

DeBruyne
DavidSilva
MarcoTardelli

Euro Midfielders

```
G W W E Y P O R S A E A B R C
M A B J G B F N F M T F M N K
E B E Q E D Q C S L H D U X W
S O I C T A H S B R B B R P A
U N Z D H V D A M F A C E B A
T I S I A O T S O R L E V U Y
O E A V A R I Q U E L M E S S
Z K X R R S C Q S F A H X Q I
I E I G J U B I V R C I P U D
L T K P J K T W K O K Q L E B
M Y W N E E S K E N S J C T U
K A S W Y R F A B R E G A S T
D J O R K A E F F O J Q O U L
O T W H M B T G E E N F Y C B
O H H A G I K G G R H M M B U
```

Hagi
Fàbregas
Neeskens
Davor Šuker

Boniek
Busquets
Djorkaeff

Ballack
Riquelme
Mesut Özil

Euro Defenders

```
U T H U R A M A L D I N I Q D G H
J C U Z U V H H S L P K W F K U P
F P W U B N T N E Q U O A A U D A
T N M M U C D S R F G B A C O W Q
Q U T V H P T H G W M P C C M G Z
S M Z H P H I L I P P L A H M N S
D H W F B J F I O Q I F R E T M U
B W B X E F C F R G K S L T K M A
J Y L T C G A Y A C P H E T G Z R
I M M M K M N I M B Y A S I I Z T
M P R V E Y N Z O P R J P I O W A
K T O V N I A B S Z K H U E J O H
X A V D B V V A S H L E Y C O L E
U C J F A L A M K W A Z O N B G L
O L A V U X R T Z N R H L S G N V
O P T N E W O Z L O P I H X X C G
B Q K F R A N C O B A R E S I L E
```

Thuram
Facchetti
SergioRamos
FrancoBaresi

Maldini
AshleyCole
PhilippLahm

Cannavaro
Beckenbauer
CarlesPuyol

Euro Defenders

```
A O H Q E G F C B J V N M E C O
U O B M E V B X G D C I V T C T
S R A S D Q U T J C A F U K Q U
Y F Y H M Y N M S I R L H M O D
F A F E X Q Y O N M V X S K O B
M O H U S C J B L V A R V O Z N
F E A L E X O P O U L O S T A S
F P Y Z V O H G B K H P A A N R
C S Z P R B N D B B O D G S E P
U H P N E S T A X K W L M H T S
K S R F U U E C P K J J F I T Z
U E I W F E R D I N A N D E I K
U A R Q R A R C Q O I N M R W U
V M C O P P Y W U V N Y H R Y G
L L B Y J S K P E G G N U O E G
M R C A S A N T O S S R T V Z V
```

Cafu
Hierro
Carvalho
Alexopoulos

Nesta
Santos
JohnTerry

Piqué
Zanetti
Ferdinand

Euro Defenders

```
K K L R T C W H C V H J S Z W F V
T T F P A O L O M O N T E R O B O
Y A E X Z Q T W K D R O F Q G U J
E X R V A N B U Y T E N I F G S J
E S I N X A B F R X Q Y M F P Q D
Y D C J Q I V S G B N A A D V U I
S F A J A H U O I O S D R F B E J
M N R B Y N R L A B F A Q A J T U
B G D T T M F C K L J M U U G S W
L B O R K M B A O A U S E C D Q K
A A R L E K J M S R U Z S Q X M
N P O U M K F P V R M E Y P D M I
C A C R P H W B R G Y F T X V P O
X K H G R O Y E O X H W J F Z Q O
B Q A H I L K L N B Z O K G A T T
T F C H I E L L I N I J R P O Z W
H C L W V R Y O Z R X R Y Y G B V
```

Blanc
TonyAdams
Chiellini
PaoloMontero

Marquez
VanBuyten
SolCampbell

Busquets
Kyrgiakos
RicardoRocha

Euro Goalkeepers

```
S C H M E I C H E L M E O A O G
S Y E S H G K H U F R P S Z C O
I K P F A O M H Z D F B U B D X
N N A S G R B A E Z C U Z K I U
W I X P P D L E V Y A S H I N B
G K V P R O W L R T E J M P O Q
M O X Z R N I I Z O J V V Z Z Q
C P K L D B O C F Q B U F F O N
H O L W D A I L W S G Z J V F N
R L A M A N U E L N E U E R F M
S I O K Q K O T S O L I S V J A
D D S R U S U K F W I K C N P W
Z I S O C G N N F X M Z Q B S B
Z S K I O L I V E R K A H N F T
S E P P M A I E R L H E H X H W
K I R J L C W B T M E Q P J O L
```

Buffon
LevYashin
OliverKahn
GordonBanks

Kotsolis
SeppMaier
Nikopolidis

DinoZoff
Schmeichel
ManuelNeuer

Euro Goalkeepers

```
C F A B I E N B A R T H E Z K F G W
V R J O N T Z B Y Y X M O U D Y C C
T U C P Z Y Q K T I Q D G B R B W S
I J M Q Y P Z L O U W G E I X Q A P
R H T G V Y O K M D X K D Z K Z H A
J X J K W Z H C A S I L L A S N D T
S P A P R P A A S D S S X R J H A J
Y Y I K J Y N X E Q I S L R Z V S E
E Z W L K X G R K B G C F E O A A N
N E P X X L E O V A Z H J T V A Y N
B N T L I G L Y D N W U C A N Y E I
I F N L F R I B H J K M S B K Y V N
B A V C F Y R M R D H A B J M V G G
V I S V W V I M Q T U C N M U H C S
D W I C Z C B W K R M H I G U I T A
J H M J I D A V I D D E G E A O K A
N C R K T E R X L A N R D E M D B P
D G W K T O O L O Z Q H F T Q T V B
```

Tomášek
Casillas
PatJennings
FabienBarthez

Higuita
DaviddeGea
Zubizarreta

Dasayev
Schumacher
ÁngelIribar

Soccer Words that Start with A

Across
2. Pass to goal scorer
4. An effort made by a player towards the goal
5. the Inclination of the ball to the ground or goal while kicking
6. Italian national team
7. The precision and correctness with which a player passes or shoots a ball

Down
1. Offensive Player
2. Last man before goal keeper
3. Benefit
4. Attacking
8. Athletic and spectacular movements performed by players

Soccer Words that Start with B

Across
1. A pass made by a player to their own goalkeeper using their feet
2. The penalty area
4. The seating area reserved for substitutes and coaching staff
7. Rebound of the ball off the ground
8. Kicking a ball such that it swerves while in flight

Down
2. A spectacular, acrobatic technique where a player kicks the ball while in mid-air, usually with their back to the goal, by flipping their body and striking the ball with an overhead motion.
3. A yellow card or card card
4. Obstructing an opponent's shot or pass by using their body to intercept the ball
5. When a player scores two goals in a single game
6. A skillful technique where a player kicks the ball backward using the heel of their foot

Soccer Words that Start with C

Across
1. Passing the ball in the air from one side of the field into the penalty area, towards a teammate to attempt a shot on goal.
4. The ability of a player to receive and maintain possession of the ball
5. A lofted pass or shot in which the player strikes the bottom of the ball with the foot to lift it into the air
7. Physical interactions between players in a game
8. A dribble where the player moves the ball in a direction away from the defender

Down
2. Leader of the soccer team
3. A set-piece opportunity awarded to a team when the ball goes out of bounds over the goal line and was last touched by a defending player.
4. Another name for soccer shoes
5. The individual responsible for instructing, training, and strategizing with a soccer team
6. A defensive action where a player kicks or heads the ball away from their own goal

Soccer Words that Start with D

Across
1. A player whose job is to prevent the opposing team from scoring goals
2. A situation where the ball is not in play, typically during set piece situations
3. The area where coaches and substitutes sit during a soccer match
4. A deceptive move where a player allows the ball to pass by them without making contact, often used to confuse defenders or create space for a teammate.
5. The act of passing or crossing the ball into the penalty area.

Down
2. Running with the ball at one's feet while maintaining control, often involving quick touches and changes of direction to evade defenders.
3. The collective effort of a team to prevent the opposing team from scoring goals
4. A change in the direction of the ball caused by contact with a player
6. A game where both teams have the same score
7. A strategic movement by a player without the ball to draw defenders away from a teammate

Soccer Words that Start with E

Across

2. A mistake or blunder made by a player, coach, or referee during a soccer match.
3. A goal that ties the game
4. The successful completion of a skill or tactic, such as a pass, shot, or defensive maneuver, with precision and effectiveness.
5. The physical and mental exertion put forth by players during a soccer match.
8. A lively and energetic atmosphere or performance.

Down

1. Additional playing time added to a soccer match to break a tie when the score is level at the end of regulation time
2. Using the joint between upper and lower arm to illegally hit a player behind you; and normally results in a red card.
3. The height at which a ball is struck or lifted off the ground during a pass
6. A player known for their exciting style of play and ability to captivate fans with their skills and performances on the field.
7. A strategy employed by a team to increase offensive pressure by substituting a defender or midfielder with an additional forward player, often used when trailing in a match.

Soccer Words that Start with F

Across
1. A deceptive movement or fake performed by a player to mislead opponents.
2. A set-piece opportunity awarded to a team following a foul by the opposing team.
3. An infringement of the rules committed by a player, typically involving illegal contact with an opponent, resulting in a free kick, penalty kick, or other disciplinary action.
6. A defensive player positioned on the flanks of the field.
7. A quick and skillful touch of the ball.

Down
1. A player responsible for scoring goals and creating scoring opportunities for their team.
4. The shot or placement of the ball into the opposing net for a goal
5. The tactical arrangement of players on the field
7. The playing surface where soccer matches take place.
8. A rapid offensive transition from defense to attack.

Soccer Words that Start with G

Across
1. The rectangular area between the goalposts where a soccer ball must pass to score a point.
5. The vertical posts at each end of the goal
6. Another name for coach
7. A player credited with scoring a goal during a soccer match.
8. Protective gear worn by the keeper

Down
1. Another name for hard work
2. The player positioned directly in front of the goal who is legally allowed to touch the ball.
3. A kick opportunity awarded to the defending team when the ball goes out of bounds over the goal line and was last touched by an attacking player
4. The boundary line at each end of the field marking the width of the goal area
9. The area in front of the goal, extending from the goal line to the penalty area, where scoring opportunities often occur.

Soccer Words that Start with H

Across
2. The interval time in a soccer game, where players take a break.
3. This happens when a player scores 3 goals in a game
5. An obstacle or challenge during a soccer match.
7. A physical challenge or tackle by a player intended to dispossess their opponent of the ball, often involving strong contact and force.
8. A customary gesture of sportsmanship and respect exchanged between players, coaches, and officials before or after a soccer match.

Down
1. A technique in which a player strikes the ball with their head.
3. A foul committed by a player who deliberately handles the ball.
4. A technique in which a player strikes the ball immediately after it bounces off the ground
5. A momentary delay or uncertainty in decision-making or execution by a player during a soccer match, often resulting in missed opportunities or defensive vulnerabilities.
6. The vertical measurement of a soccer player, which can influence their ability to win aerial duels, headers, and other challenges.

Soccer Words that Start with I

Across
1. Additional minutes added to the end of each half of a soccer match to compensate for time lost due to injuries, substitutions, and other stoppages in play.
2. The central area of the soccer field, located between the penalty areas
6. Physical harm or damage suffered by a player during a soccer match
9. The level of physical and mental effort, energy, and focus exerted by players during a soccer match.
10. Natural or intuitive behavior exhibited by players during a soccer match.

Down
3. A type of aerial soccer kick where ball curves towards goal, typically during a corner.
4. When a player stops an opposing players' pass from reaching it's intended target.
5. Guidance or direction provided by coaches to players during a soccer match
7. The cooperative and coordinated exchange of passes and movement between players on the same team
8. Offensive verabal behavior directed at opponents.

Soccer Words that Start with J

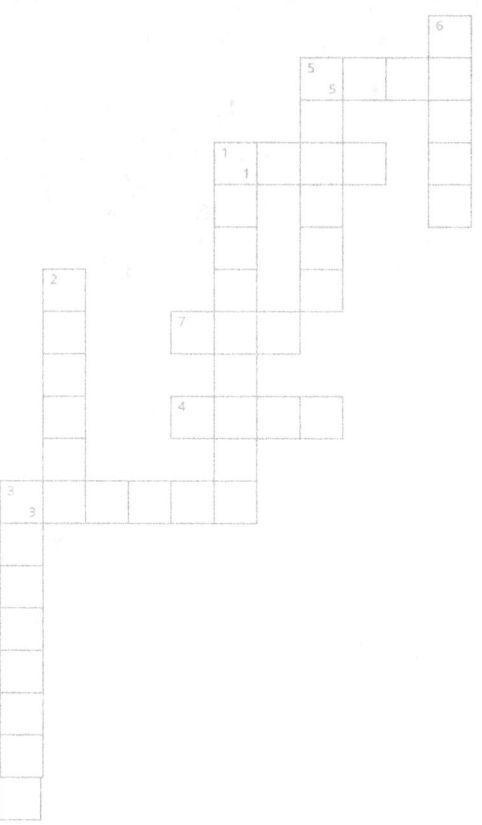

Across
1. The act of leaving the ground to contest an aerial challenge or to reach a higher point.
3. The soccer shirts worn by players during a game.
4. A sign of bad luck that some people believe will end a good streak.
5. A deceptive movement or feint by a player to evade defenders, often involving sudden changes in direction or acceleration.
7. A quick and forceful movement by a player to poke or prod the ball away from an opponent

Down
1. A lighthearted and cheerful atmosphere or demeanor exhibited by players, coaches, and fans during a soccer match
2. The skillful manipulation of the ball using various parts of the body, such as the feet, thighs, and head, to keep it in the air without letting it touch the ground.
3. A type of soccer ball used in the FIFA World Cup 2010, known for its unique design and aerodynamic properties.
5. Sweater worn by referees and coaches during a match, or by players during a warm up.
6. A term used to describe a skillful or talented soccer player

Soccer Words that Start with K

Across
1. The act of striking the ball with the foot to pass, shoot, or control it during a soccer match.
2. Informal term for a goalkeeper.
3. A physical impact or collision between players during a soccer match.
4. A stage of a soccer tournament where teams are eliminated from the competition after losing a match.
5. Contains all soccer gear for a player.

Down
1. A section of a stadium, especially in British soccer culture, where passionate and vocal supporters gather to cheer for their team during matches.
3. A member of a soccer team's staff responsible for managing and organizing the team's kits and equipment.
4. The method of starting or restarting play at the beginning of each half and after a goal is scored.
5. A type of shot or free kick characterized by minimal spin, causing unpredictable movement and making it difficult for goalkeepers to anticipate and save.
6. A decisive pass that directly leads to a scoring opportunity for a teammate.

Soccer Words that Start with L

Across
3. An organized competition involving multiple teams playing against each other over a series of matches, typical spanning an entire season, to determine a champion.
4. A high, arching pass or shot that travels over defenders or the goalkeeper.
5. A team's goal advantage in a soccer match.
6. A deliberate one touch pass of the ball by a player to a teammate in a position to receive and control it.

Down
1. Also known as an assistant referee.
2. The boundary markings on a soccer field.
3. A defensive player positioned on the left side of the field.
4. A period of relative calm or inactivity during a soccer match.
6. A match between two teams in the same city.
7. A pass or clearance that travels over a long distance.

Soccer Words that Start with M

Across
1. To ridicule or make fun of someone or something, often used to describe verbal or behavioral taunting by players or fans towards opponents.
4. The defensive tactic of closely guarding an opponent to prevent them from receiving passes.
5. The coordinated and strategic positioning and actions of players on the field.
6. The collective confidence, spirit, and mental state of a soccer team.
9. The day on which a soccer match takes place.

Down
1. A player positioned in the middle third of the field, responsible for linking defense and attack.
2. A scheduled game or contest between two soccer teams.
3. Another name for coach of the team
7. The tendency of a team to maintain or build upon their performance and success.
8. To initiate or launch an attack.

Soccer Words that Start with N

Across
1. The mental and emotional fortitude required to perform under pressure during a soccer match.
2. The post of the goal closest to the ball's point of entry.
3. The structure behind the goal, consisting of a framework and mesh material.
4. A header, or the act of striking the ball with one's head, often used to direct the ball towards a teammate or the goal.
7. An injury that hasn't fully healed.

Down
1. A skillful dribbling maneuver where a player passes the ball between an opponent's legs.
2. A situation where a scoring opportunity narrowly fails to result in a goal.
4. Failure to exercise due care or attention, often resulting in mistakes, errors, or missed opportunities during a soccer match.
5. To neutralize or negate the effectiveness of an opponent or tactic.
6. Agile and quick in movement.

Soccer Words that Start with O

Across
1. A tactic where one player runs past a teammate with the ball to receive a pass in a forward position.
3. When a player is not offside.
6. A passing combination between two players, typically involving a quick exchange of passes to bypass defenders.
7. A pass made by a player to a teammate in a wide or deep position, often used to switch play and create space.

Down
1. A soccer foul where an attacking player is nearer to the opponent's goal line than both the ball and the last defender when the ball is played to them.
2. The area of the soccer field excluding the goalkeepers.
4. A defensive tactic where defenders move forward in unison to catch attacking players in an offside position.
5. A chance or favorable situation for a team to score a goal or gain an advantage during a soccer match.
6. A player or area of the field where the team in possession can quickly pass the ball to relieve pressure and initiate an attack.
7. A goal scored by a player against their own team, typically by mistake.

Soccer Words that Start with P

Across
1. Kicking the ball to a player in your own team
2. The playing surface of a soccer field.
4. A player known for their ability to create scoring opportunities
6. A long, high kick made by a goalkeeper or outfield player.
7. A match or series of matches played to determine the winner of a competition.

Down
3. A free kick taken with only the goalkeeper allowed to defend the goal.
5. The amount of time a team controls the ball during a soccer match.
6. Describing a player who possesses great speed and acceleration on the soccer field.
7. A defensive tactic where players apply pressure on the opponent in possession of the ball to force turnovers.
8. Activities and preparations undertaken by players and teams before a soccer match.

Soccer Words that Start with Q

Across
1. A unique or unusual aspect of a player, team, or situation in soccer.
2. The level of skill, talent, and effectiveness possessed by players, teams, or performances in soccer.
3. A section of the soccer field divided into four equal parts, often used in tactical discussions or analysis.
4. To suppress or control the momentum or attacking threat of the opposing team.
5. To increase the pace or tempo of play during a soccer match.

Down
1. A player or area of the field targeted by the opposing team for pressure or exploitation during a soccer match.
4. A group of five players or substitutes on a soccer team, often used interchangeably with "lineup" or "squad".
5. A rapid change in pace or tempo during a soccer match.
6. Winning four major trophies or titles in a single season, such as a league championship, domestic cup, continental cup, and international cup.
7. A period of calm or lack of activity during a soccer match.

Soccer Words that Start with R

Across
3. A shot that deflects off a goalkeeper or defender and remains in play
4. A repeat showing of a soccer match, often used for review, analysis, or highlights.
6. A strong and often intense competition or enmity between two teams or clubs in soccer.
7. The movement of a player without the ball, often used to create space.
8. The act of moving backward or regrouping defensively to protect a lead or counteract an opponent's attack.

Down
1. The official responsible for enforcing the rules of the game.
2. A disciplinary sanction issued by the referee, resulting in ejection from the game
5. The process by which teams are demoted to a lower division or league based on their performance in a soccer league.
7. To change the direction of the ball's movement, often used to pass or shoot the ball towards a teammate or the goal.
9. A distribution technique used by goalkeepers to restart play by rolling the ball along the ground to a teammate.

Soccer Words that Start with S

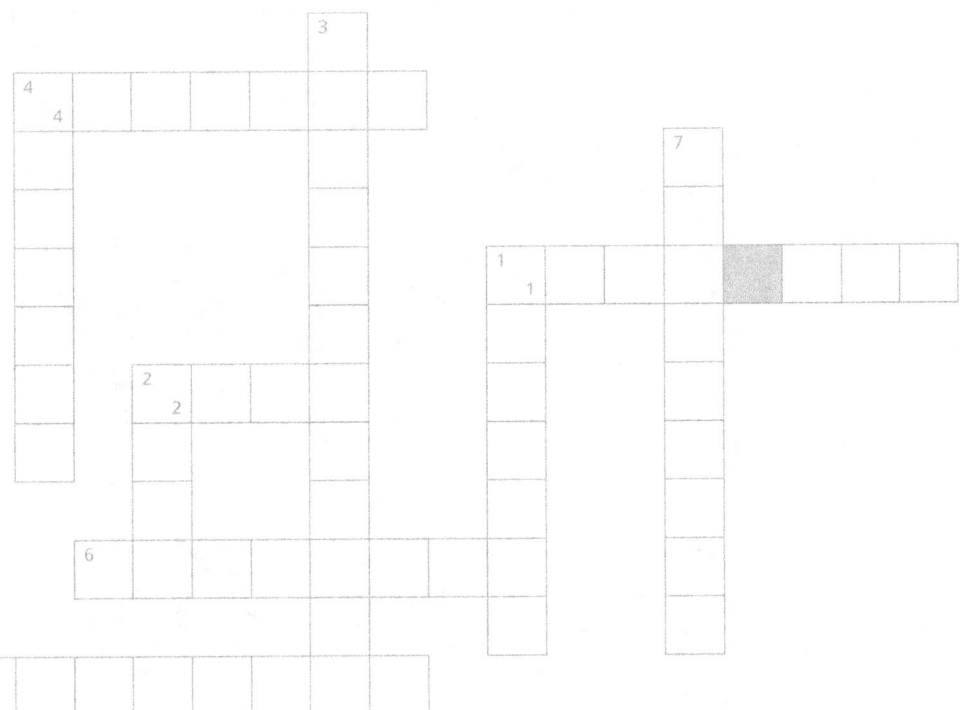

Across
1. A dribbling run by a player who advances up the field without passing to teammates.
2. An attempt to score a goal by striking the ball with the foot or head towards the opponent's goal.
4. A large structure used for hosting professional soccer matches, typically equipped with seating for spectators.
5. The boundary lines on each side of the soccer field, marking the width of the playing area and typically denoting out-of-bounds areas.
6. A planned play or strategy executed from a dead ball situations, often involving rehearsed movements or plays to create scoring opportunities.

Down
1. An offensive player tasked with scoring goals.
2. A defensive action by a goalkeeper to prevent the ball from entering the goal.
3. The replacement of one player with another during a soccer match.
4. A defensive player positioned behind the main line of defenders, responsible for sweeping up loose balls
7. The representation of the goals scored by each team in a soccer match.

Soccer Words that Start with T

Across
1. A defensive move where a player attempts to take the ball away from an opponent using their feet
2. The strategic plans and methods employed by a team during a soccer match to achieve success.
4. The playing surface of a soccer field
8. A striking technique where a player kicks the ball with the tip of their foot.
9. The act of changing direction or pivoting with the ball to evade defenders or create space.

Down
3. A method of restarting play after the ball has crossed the sideline.
4. A goal scored by a player who lightly taps the ball into the net from close range.
5. The speed and rhythm at which a team plays during a soccer match.
6. The upper part of the goal frame.
7. A player or area of the field that a team aims to exploit or defend during a soccer match.

Soccer Words that Start with U

Across
1. Short form for "The Union of European Football Associations".
2. A team that is not fancied to win.
4. The top corner of the goal frame, often targeted by shooters to increase the likelihood of scoring a goal.
5. Referring to the highest level or pinnacle of achievement in soccer.
6. A sudden change in direction or strategy during a soccer match.
7. Referring to a fast-paced and energetic style of play.

Down
1. A versatile player capable of playing multiple positions on the soccer field.
2. The standardized attire worn by soccer players.
3. Towards the opponent's goal or attacking half of the soccer field.
4. A striking technique where a player lifts the ball with the underside of their foot, often used to lift the ball over defenders or execute lobbed passes.

Soccer Words that Start with V

Across
1. A plastic horn instrument popularized by fans at soccer matches.
2. A kicking technique where the ball is kicking while in the air.
4. The location where the soccer game is played.
6. The ability of a player to perform effectively in multiple positions.
8. Susceptible to conceding goals or losing a soccer match.

Down
1. Winning a soccer match.
3. The speed and direction of the ball or player's movement during a soccer match.
5. A pass made by a player to a teammate in a forward or upward direction.
7. The ability of a player to anticipate and perceive the movements of teammates.
9. A person who offers their services without expecting payment or compensation, contributing to the operation and success of soccer clubs, organizations, and events.

Soccer Words that Start with W

Across
1. To achieve victory or success in a soccer match or competition.
3. A defensive formation used to block free kicks.
4. The preparatory exercises and activities undertaken by soccer players before a match
7. Referring to a scoreline where neither team has scored
9. A dribbling move famously executed by French soccer legend Zinedine Zidane, involving a quick 180-degree turn using the sole of the foot to evade a defender.

Down
2. The signaling device used by referees to stop, start, or pause play during a soccer match
4. A forward player positioned on the sides of the field.
5. The premier international soccer tournament organized by FIFA, featuring national teams from around the World.
6. A disciplinary sanction issued by the referee to a player for committing a cautionable offense.
8. A defensive strategy where players are responsible for guarding specific zones of the field rather than marking individual opponents.

Maze 1

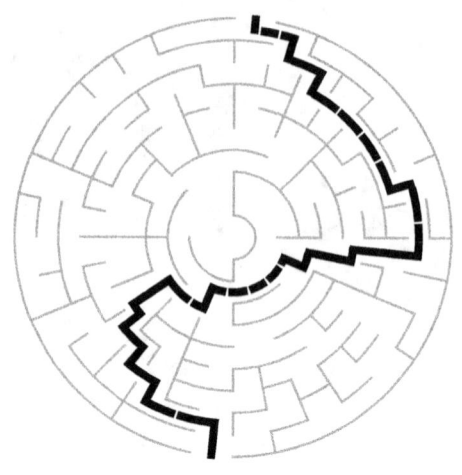

Maze 2

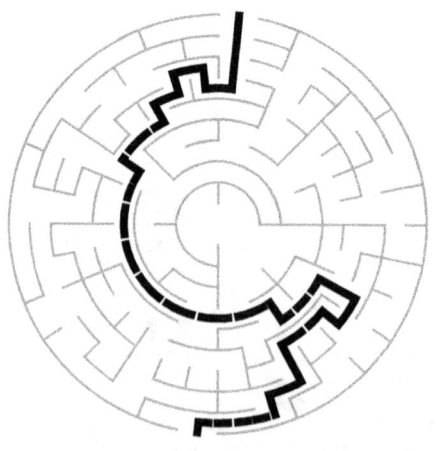

Maze 3

Maze 4

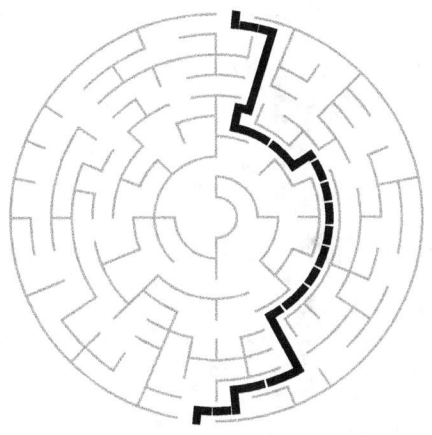

Maze 5

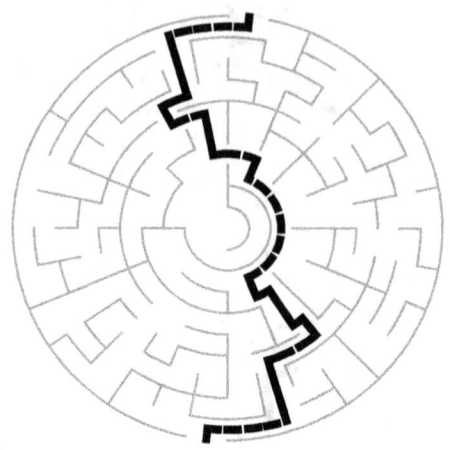

Maze 6

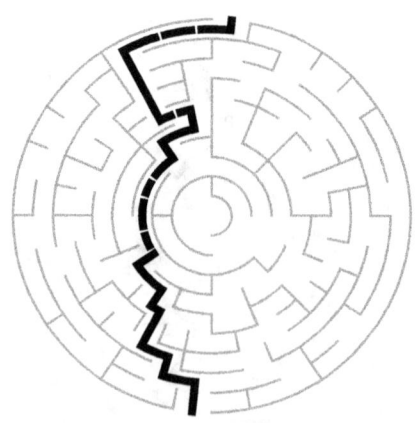

Maze 7

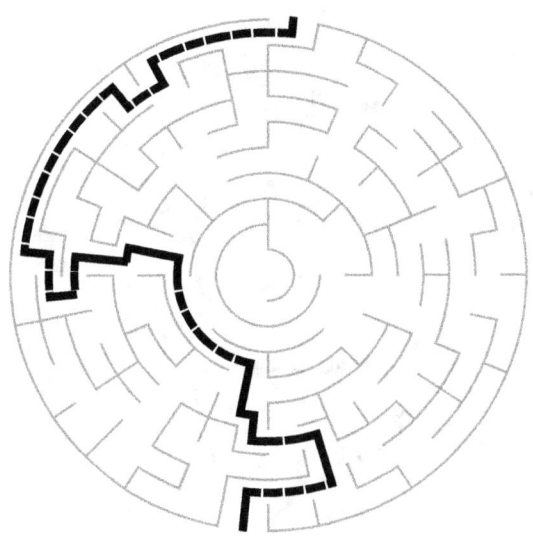

Maze 8

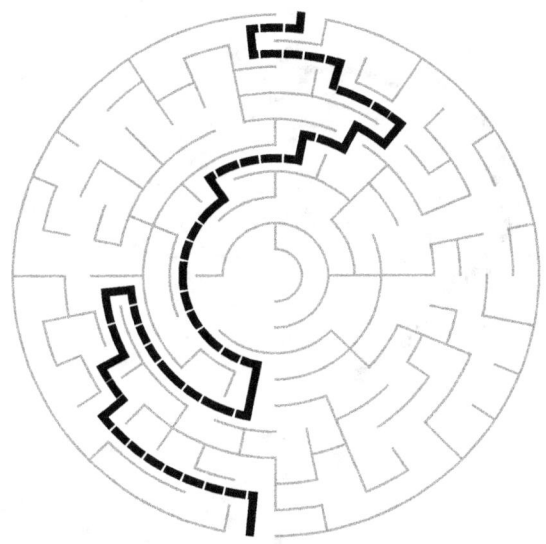

Maze 9

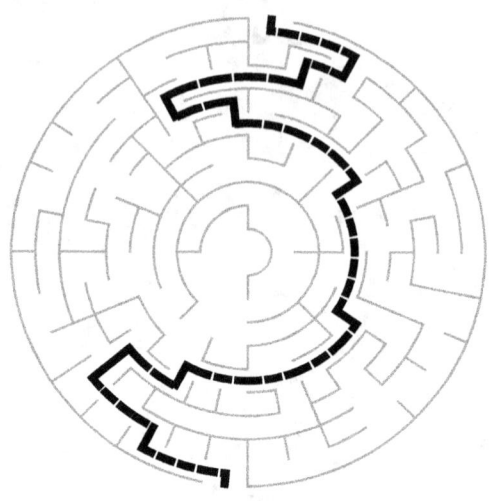

Maze 10

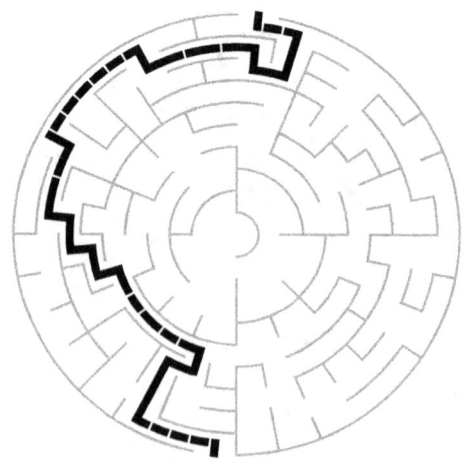

Euro Countries Former/Present Participants

```
W I X A S Z A J C K Y T G Z L W A U
D T F K A Z A K H S T A N D A F B O
M Z Y L L R K Z U E Y J W W T J Y U
C Q G U C S P L X J C F H N V F C X
F Q V X B O G H Y S A H B S I E L I
U C X E F P M H T I F E I Y A D I H
H E Z M M W W C K E B G X B B E E Q
J O K B L R N F N Y D N E H X Y C D
K O S O V O R A D U R F A D Q T H S
G J X U H H Z N O X J S P V M Q T C
C N V R T I M O L D O V A F J B E X
X L T G Q H V A C O N S E H T F N O
D F U I K G I Q K Z X E N E I V S K
R F J M A L T A W N A B Y N S M T A
I E P M X A A B N Q I U G Z R T E N
R T U D U V L I T H U A N I A T I S
G Y R W T W Y Y D Y O F G S E Y N R
V C M L S Q M F O D T K K B L V U G
```

Italy
Kosovo
Lithuania
Liechtenstein

Malta
Latvia
Kazakhstan

Israel
Moldova
Luxembourg

Euro Countries
Former/Present Participants

```
V E S T O N I A W D Q W G B Y C M F
O Y C I V Y Y R T Z U G B U G Z I N
Z R L L Z S I O F M T M Q E V S Z W
P I T R Z G F O T B L Z Z O N O V J
O X Q Z X E N K G O E Z S Q R Y V N
G C S R A O C I S J M E W D V L K F
Q M N R B R R X M P G T C J R V H A
F K N X R G R C B U G E R M A N Y R
H M G D X I G L H B D K R T F E O O
S B Q V Y A I L A W E P L M O I V E
V W E D Y X B G L W N U L X P Q N I
G Y V C P L R R V T G W R N Q N D S
M Z D U F H A L S G L K H B N D B L
T T S G R G L S O U A V C F N Q S A
R Z D O A M T E V O N H W M R X V N
L D D E N M A R K P D C X R X A X D
H C Z E C H R E P U B L I C A F Y S
G G L H E R I A B F I N L A N D C M
```

France   Denmark   England
Estonia   Finland   Georgia
Germany   Gibraltar   FaroeIslands
CzechRepublic

Euro Countries Former/Present Participants

```
M G G S E Q Y A B I T N A X H
F N B V U V T Z E E W A U B L
D A Z J M O W E R P G X S A W
B K S H R N B R K K C H T Y P
G X E A U T O B G G Z E R P X
G B L V U F B A R M E N I A X
R O S S A X G I V N H C A R O
X L W J L D F J K N S R E R D
B G A H B E L A R U S O G J H
E R U W A E Q N M G B Z M O G
L J D F N E J O R F Z Y N E B
G W I V I L P V P Q C Q J M O
I C E L A N D O R R A B Q D K
U Y R G W Y W F B O S N I A H
M K S J B U L G A R I A O U I
```

Bosnia
Andorra
Belarus
Azerbaijan

Iceland
Armenia
Belgium

Albania
Austria
Bulgaria

Euro Countries
Former/Present Participants

```
S M H P S N O R U S S I A H
E B D S C O T L A N D D N A
R G C X H R R J N T K D N L
B S N B X W C Q W X H M I I
I S A N M A R I N O V A T U
A I F O Q Y Z S R I K C Q C
E R P O R T U G A L R E C A
Z E X A V P W P I K O D D G
Y L T I I N H F X Z M O Z P
L A E W D V F M O O A N L N
S N O N N O Y K Z M N I R C
K D B U Q C A Z P S I A B V
S X U Z H O C P O L A N D W
U N D Q R H N Q Q Z I L N D
```

Norway
Serbia
Portugal
SanMarino

Poland
Ireland
Scotland

Russia
Romania
Macedonia

Euro Countries Former/Present Participants

```
C N H U N G A R Y M O T W Q F K
P L F H B G C L Z M S P A C D N
G Z R B A R I Z V A P X L Y W Z
T X X A W H F B M T R C E P I U
O B G Q U F H H F J X H S R E G
J U H J Q O L Q Z O C E L U L P
O A B O Q U L M G F O N P S O O
P I I Y S A Z R J O Y E B Z S S
X J S D F A I D S S W E D E N P
E I G H T O R M Q L B T F D T A
J D N M U Y E H D O T W V L F I
I H N L R I L V E V V O Y Z L N
H T U U K R A I N E Q O F V F H
O M N O E R N J X N M E O I J D
U B F W Y D D W H I Y R I Y W Y
Y S W I T Z E R L A N D J M S Q
```

Spain
Turkey
Ireland
Switzerland

Wales
Cyprus
Hungary

Sweden
Ukraine
Slovenia

Euro Host Countries

```
S A T N A S C K D O O D H T Z
V L I V Q P Q Q I U R M F P T
Q T F R A N C E X F H O B P E
P F A F V C H B L B T N E I N
J E U T O V S C X E A P L I G
V S S E V L R U I L T S L N L
Y Q T O Z A G M M G X P R U A
F A R T P C U G T I E A M S N
U S I P O C Y Z L U B I D B D
L W A Q R G G E R M A N Y D Z
X E R O T F C E L B Z B Q B W
G D C Y U G O S L A V I A J V
S E J V G P T I I U W F I G S
X N U A A A D L K W Y K N Q R
A I T A L Y E Y T D N K B L S
```

Spain
Sweden
England
Yugoslavia

Italy
Belgium
Austria

France
Germany
Portugal

Golden Ball Winners

I	B	I	R	M	I	A	V	U	Y	D	S	B	M	U
W	Y	S	D	O	N	N	A	R	U	M	M	A	V	T
H	G	C	E	M	I	P	N	C	Z	G	X	T	V	Z
M	P	P	F	B	E	T	B	X	A	R	T	G	D	E
F	H	K	P	Q	S	M	A	Z	Z	I	W	V	W	Z
X	A	V	I	S	T	A	S	L	I	E	H	P	I	A
G	S	S	B	L	A	Y	T	L	D	Z	B	S	T	G
O	S	S	C	X	V	Q	E	S	A	M	M	E	R	O
J	L	B	V	I	J	Q	N	Z	N	A	J	G	E	R
K	E	T	L	B	T	O	O	D	E	N	Z	F	A	A
B	R	E	M	N	U	K	S	K	N	N	I	X	N	K
J	N	C	F	Z	J	O	O	P	L	A	T	I	N	I
H	S	C	T	T	C	U	X	Q	X	K	F	N	T	S
B	K	L	S	T	K	J	L	P	Q	B	M	T	H	E
F	U	E	X	Y	Q	O	D	E	N	J	T	R	I	V

Xavi
Platini
vanBasten
Donnarumma

Sammer
Hassler
Zagorakis

Zidane
Iniesta
Griezmann

Euro Losing Finalists

```
E V P V N M L A M Z R T F A P C P V
E S O V I E T U N I O N D X P K N F
C E R L V N L O C P E N S P A I N G
D O T C A Y X U Z A N I R X M M L W
H J U T W Y Y B E L G I U M S U I O
Q U G M P U G O C Y L P O W P Q K C
K Y A E M G R N H N A Y X V A A C R
A S L G B O I C R Z N M R R I W C V
Z J B O J S B P E J D G S F N T L G
K K J R L L Z P P Q H F F O C H X O
L R W Q O A F H U M Z T A K M N N M
R V U C P V Z E B J L G O I C R I T
T H G X W I X Y L I T A L Y Z H B X
Y U M T B A K U I T O F V M R R L U
E A S H F R A N C E Y N J F Y W U Q
Z Y V S B I E K J G L O M K Q Q F S
A T W V V W S W G B S I P N E Z K F X
X W X L R Y F R E K F J Q V U H I S
```

Spain
France
Portugal
CzechRepublic

Spain
Belgium
Yugoslavia

Italy
England
SovietUnion

Euro Host Cities

```
Z Z M A Z F K H A E M A V A F
D V C O P E N H A G E N P K X
W V I F P Q A G M Y X U A L B
Y A K D P D K M S G V L Z B C
B W M A C Y E U T Q E V Y U A
W E R P F Z F N E J V G O D J
D L O N D O N I R B I L B A O
D F Z G U C R C D L Y A J P L
B D C G B U C H A R E S T E C
W D S G L P R B M S I G A S I
R G M W I Y N S D P Q O L T E
R Q L Q N F W J B S G W U R O
V V M V F S A T H E N S M G M
S T X S K Y D H N Z Y A D F A
C U U R N Z U P M W P E R G Y
```

Athens
London
Budapest
Copenhagen

Bilbao
Munich
Amsterdam

Dublin
Glasgow
Bucharest

Spot the Euro Player

```
E F O Q H A S O B N D U W Z J Q G G G
P Y K I B L M Z F J D Z I V O V V P X
V A O L M M U Q Q I X A Q C H I B J D
N D H S L S J V H G L F I F E P U X Q
A P U F K K D S O X M I R M D J F U H
N A S O N P N C G P F G N V F X F U L
T L D I P G A H W X R O N A L D O W U
S C H O L E S W K R S F O Y V I N R C
W F N U A N F E W I M A L D I N I H G
R E H V T B T I S A M I X A V I I L E
Z C O M I X T N T V P O N Y P E W R A
W Z A J N X M S F O B G I M N S W F Z
O Y M R I Z B T H L T H H H Q T Q L R
T I Z I D A N E Y R D T O R N A V Z C
G E R O K K Z I H D Y F L S Z P D P K
L O A Y B Z L G C P J C K R V R F P E
D G Y F P T G E N C I F E V M I X Y Y
T J R A P W K R C F R O L W G U O A N
D R Y I H I Z B U P P J C F F K Z E L
```

Figo
Zidane
Platini
Schweinsteiger

Xavi
Ronaldo
Iniesta

Buffon
Scholes
Maldini

Spot the Euro Player

```
P B Y K F I L K H W A U D P E H
C M I S Y B E H N R S E O U E J
E S A T Y E W S U C I A L G O P
W W E C T C A I N C B C P C U R
N A L J Y K N L O T L X P A Q O
Y B M J H H D V G N I M F Z M O
V M A T O A O A O H V L B Y S N
N W N O D M W A M Z P A B M Q E
X V G V Y O S B E H L H E N R Y
D W Z L P E K O S U A V N N W S
P F U R I C I H R D T C Q M N Q
D T Z V R U M M E N I G G E R O
S R A U L D C A Z U N F U K C W
C T T L O D F Q G F I J Y B N B
Z J T J J T P D X B I A G B B S
Y Z R C O C F M S Y Y B F I P Y
```

Raul
Pirlo
Platini
Lewandowski

Henry
Rooney
NunoGomes

Silva
Beckham
Rummenigge

Spot the Euro Player

```
T O G E R D M U L L E R C S Q M
Q Z N C T A A B G N G K I W K Z
I F P D O V T O B S Z Q J U I P
U G J V L I T Q E L R J C I W B
D J G P I D H D C V L J Q T G N
F R U Q V V A E K F M P J P S H
I R L X E I U W E B G A U Y Q Y
G N L O R L S A N J X R X Z W M
O Y I Q K L B Q B J U D P A D R
V G T M A A H P A N V G X U Y H
V K I H H M Z Y U V W L R Q C S
Y N Q M N I S T E L R O O Y P F
B K O M D K D S R E W V W X F L
J I B R A H I M O V I C H Q T Z
G R Q U S D W G N R K I G U N R
P U W J O W R O N A L D O K Q T
```

Figo
Matthäus
DavidVilla
Ibrahimović

Gullit
GerdMüller
Nistelrooy

Ronaldo
OliverKahn
Beckenbauer

Common Soccer Terms

```
N Z T H A C Q L M T W K S A F
Y L X S C Y S I I B X F T A C
U C A P T A I N D M G X R J D
G T Y Q C N K E F X W Z I F T
L G F P U O U S I Z H K K S H
W C P F Y W T M E Y H R E Z G
F G I N K V W A L E D V R G B
R O T D E F E N D E R R J I W
Z A C G O A L K E E P E R A R
J L H T D B H V R L E F J K L
B P C P L R X C M D N E N O D
Z D K A N Q N C L X V R L W N
X G M F I E L D O E I E W L G
G X M P G U J C O H Z E S R Z
O P P V X I X O X E S A U I Z
```

Goal
Striker
Defender
Midfielder

Pitch
Captain
Linesman

Field
Referee
Goalkeeper

Common Soccer Terms

```
N G T I Q W F W M A W H V R W O
N E M A T C R C V K P H O I N I
E O C F D R I B B L E T R X B Q
H O I F C O O Y M Q N Y T I M B
E F P A S S Q I T A O B Y O J
A R L Z S S G G N A L L F H C F
D E U Y I E M G L C T Q O S B T
E E N U T M E G X K Y Z R Y O V
R K Z O Q I V Y E L K R E L V T
Y I O L Q R M E M E I T X M S O
X C H C A E B J B Q C I W T E T
M K Y H X D U I I J K X P B T S
G C R B I C Y C L E K I C K J G
D K O T M A W V T O K V Y I Z T
I L O M B R E A B M J N N O O U
Z Q A F K D E N R N H T U S D W
```

Pass
Header
Dribble
Bicyclekick

Cross
Nutmeg
Freekick

Tackle
Redcard
Penaltykick

Euro Goal Scorers

```
K G H E N R Y P T V G M E M Y N
B V D D G S E H F E O U B K V M
Z Y K I V F D F J D M W G K W Y
Y S Z B V A U L S H E A R E R Z
J E X R O N A L D O S E I F K X
E G W A B R C V J L T I E S H F
L A H H Z A L W E M H U Z I Z G
W D K I R V P V E O J W M E T C
A L V M B C H U S P E R A D A L
T C Y O J P U Z I J P J N D D I
U H B V E L A Y I V L E N W R R
E D M I L A N G A L I C H F O S
Z O V C K T P C A B V V I Y E N
E V A F Z I C K L U I V E R T X
Z C I G P N Q C J L G N S F W C
I U G A S I Q E U U E E X R Q B
```

Henry
Platini
Griezmann
Ibrahimović

Gomes
Shearer
MilanGalic

Ronaldo
Kluivert
ChusPerada

Euro Goal Scorers

```
M B V Y P J M F W C R Z X R V
M V D N B A G C W Z O B G O X
A F I S Q D D L Z N I L U I L
A G P G P D U Q O D G H T O A Z
O C T E F P D J A P Q O W H I
H E N R Y T B P V X Q R K S B
R U U D G U L L I T H R L T T
X D Q M Q D M Q D U H E I O E
Y N T U V S W U V S I S N I I
H U C L P F N X I Q O N S C D
Y L M L B D L G L I N K M H X
U T Y E Z Y B L L H R P A K C
C H T R V A N B A S T E N O D
X K P O N E D E L N I K N V E
A M O O X V Z A G O M E Z E S
```

Gómez
vanBasten
RuudGullit
Ponedelnik

Henry
Klinsmann
DavidVilla

Torres
Stoichkov
GerdMüller

Euro Goal Scorers

```
D B K M O A Z C D U X P X Y H R N
Q M N I L S L I E D H O L M D H W
Q M X L D G P G T I T R C D P K B
N Y U A K L U I V E R T J X B W L
F F C N B M Z C B T D E R T W F A
C I A B U C T T X E N B V K H O N
Z I D A N E L H S R C K W K J B C
B H Z R P O K U I M G I L G U R Y
H D E O F K F R A U G I Q E C D H
Z Z A S Q F J D E L J D S C M X I
S Y I G J W I W O L I U K T R E V
I C H C O S R C J E U S O S W K N
W F E K B H Q G E R D M U L L E R
A W N C L U Y I E N X I K H F K U
T A R D E L L I A P B C F O J M O
G X Y U I R V L V T N E Y W H P G
L B K Y U P F Z K H Z R T D L L F
```

Blanc
Zidane
GerdMuller
DieterMüller

Henry
Kluivert
MilanBaroš

Šmicer
Tardelli
NilsLiedholm

Euro Goal Scorers

```
E T E S C H W E I N S T E I G E R Q L
R U V C G D V Y A O J T U A M X S Z K
B N G D U K W E J C O E K M U U M Q M
N T W F G Q W L F A H G E G J I Y R A
I I U R M Y G S Q R A W Z T G U R T T
A B K A T S O U R A N I S Z Q F A I T
E V V F X L I B L J C H K J E B I Z H
K A N R I G N L B V R Y Z U F X B U A
B Z T A G R U U D G U L L I T Q F S U
D Q Q N B Y X B G I Y B G H V K S E S
H G S K P A A F S N F C Y E M B U B H
S L Y L L L E F C C F S X R W O Q N M
B E A A A O W B H X F Q B N D K R I R
V V K M T D D V O W P M R A T N Z S D
I E E P I A T C L H Z L D N R E F B F
Y Z L A N O V Z E U G A H D H E V V C
K Z C R I N I E S T A Y V E R M D R T
N D S D N X H G U C W V W Z N M W X H
W R H H F J O Y X P K J I Q V V T P E
```

Iniesta
Matthäus
Katsouranis
Schweinsteiger

Platini
Hernandez
JohanCruyff

Scholes
RuudGullit
FrankLampard

Euro Midfielders

```
E I H D G I D C G V V L D E J Z H I P
X R Q R M P N C Z E L Z Z F D X Y Q X
W N R I U O U R Q Q X W O A C O I W I
M A R C O T A R D E L L I S K J B H Z
R E S M W O Y H P O S V N C X E R N L
A L P F X X Q W P Y C B G L G K G W S
I H H S T O N I K R O O S U A Z W P R
G H L U K A M O D R I C T I J E C R K
B R U N O F E R N A N D E S L C A D L
M R W M P A G Z I D D A V F H P V U I
D E B R U Y N E S Z C V E I B L R G I
F I L Y T O N V M Z P Y N G C B D J P
F T A Y G G W F E T E Z G O U D N Y C
C H G H K E C F S X D G E E I H A N V
C Q N R W F P M P O B O R S K Y H W R
N L R B H F D A O Q Y X R F U P E G L
Q B F Q A O I C L I C L A A L Q V R M
J N I X F S D K H X H I R A A M E H L
D A V I D S I L V A K G D Q M J S T Q
```

Didi
Poborský
LukaModrić
BrunoFernandes
LuisFigo
ToniKroos
StevenGerrard
DeBruyne
DavidSilva
MarcoTardelli

Euro Midfielders

```
G W E Y P O R S A E A B R C
M A B J G B F N F M T F M N K
E B E Q E D Q C S L H D U X W
S O I C T A H S B R B B B P A
U N Z D H V D A M F A C E B A
T I S I A O T S O R L E V U Y
O E A V A R I Q U E L M E S S
Z K X R R S C Q S F A H X Q I
I E I G J U B I V R C I P U D
L T K P J K T W K O K Q L E B
M Y W N E E S K E N S J C T U
K A S W Y R F A B R E G A S T
D J O R K A E F F O J Q O U L
O T W H M B T G E E N F Y C B
O H H A G I K G G R H M M B U
```

Hagi
Fàbregas
Neeskens
Davor Šuker

Boniek
Busquets
Djorkaeff

Ballack
Riquelme
Mesut Özil

Euro Defenders

```
U T H U R A M A L D I N I Q D G H
J C U Z U V H H S L P K W F K U P
F P W U B N T N E Q U O A A U D A
T N M M U C D S R F G B A C O W Q
Q U T V H P T H G W M P C C M G Z
S M Z H P H I L I P P L A H M N S
D H W F B J F I O Q I F R E T M U
B W B X E F C F R G K S L T K M A
J Y L T C G A Y A C P H E T G Z R
I M M M K M N I M B Y A S I I Z T
M P R V E Y N Z O P R J P I O W A
K T O V N I A B S Z K H U E J O H
X A V D B V V A S H L E Y C O L E
U C J F A L A M K W A Z O N B N G
O L A V U X R T Z N R H L S G N V
O P T N E W O Z L O P I H X X C G
B Q K F R A N C O B A R E S I L E
```

Thuram
Facchetti
SergioRamos
FrancoBaresi

Maldini
AshleyCole
PhilippLahm

Cannavaro
Beckenbauer
CarlesPuyol

Euro Defenders

```
A O H Q E G F C B J V N M E C O
U O B M E V B X G D C I V T C T
S R A S D Q U T J C A F U K Q U
Y F Y H M Y N M S I R L H M O D
F A F E X Q Y O N M V X S K O B
M O H U S C J B L V A R V O Z N
F E A L E X O P O U L O S T A S
F P Y Z V O H G B K H P A A N R
C S Z P R B N D B B O D G S E P
U H P N E S T A X K W L M H T S
K S R F U U E C P K J J F I T Z
U E I W F E R D I N A N D E I K
U A R Q R A R C Q O I N M R W U
V M C O P P Y W U V N Y H R Y G
L L B Y J S K P E G G N U O E G
M R C A S A N T O S S R T V Z V
```

Cafu
Hierro
Carvalho
Alexopoulos

Nesta
Santos
JohnTerry

Piqué
Zanetti
Ferdinand

Euro Defenders

```
K K L R T C W H C V H J S Z W F V
T T F P A O L O M O N T E R O B O
Y A E X Z Q T W K D R O F Q G U J
E X R V A N B U Y T E N I F G S J
E S I N X A B F R X Q Y M F P Q D
Y D C J Q I V S G B N A A D V U I
S F A J A H U O I O S D R F B E J
M N R B Y N R L A B F A Q A J T U
B G D T T M F C K L J M U U G S W
L B O R K M B A O A U S E C D Q K
A A R L E K J M S S R U Z S Q X M
N P O U M K F P V R M E Y P D M I
C A C R P H W B R G Y F T X V P O
X K H G R O Y E O X H W J F Z Q O
B Q A H I L K L N B Z O K G A T T
T F C H I E L L I N I J R P O Z W
H C L W V R Y O Z R X R Y Y G B V
```

Blanc
TonyAdams
Chiellini
PaoloMontero

Marquez
VanBuyten
SolCampbell

Busquets
Kyrgiakos
RicardoRocha

Euro Goalkeepers

```
S C H M E I C H E L M E O A O G
S Y E S H G K H U F R P S Z C O
I K P F A O M H Z D F B U B D X
N N A S G R B A E Z C U Z K I U
W I X P P D L E V Y A S H I N B
G K V P R O W L R T E J M P O Q
M O X Z R N I I Z O J V V Z Z Q
C P K L D B O C F Q B U F F O N
H O L W D A I L W S G Z J V F N
R L A M A N U E L N E U E R F M
S I O K Q K O T S O L I S V J A
D D S R U S U K F W I K C N P W
Z I S O C G N N F X M Z Q B S B
Z S K I O L I V E R K A H N F T
S E P P M A I E R L H E H X H W
K I R J L C W B T M E Q P J O L
```

Buffon
LevYashin
OliverKahn
GordonBanks

Kotsolis
SeppMaier
Nikopolidis

DinoZoff
Schmeichel
ManuelNeuer

Euro Goalkeepers

```
C F A B I E N B A R T H E Z K F G W
V R J O N T Z B Y Y X M O U D Y C C
T U C P Z Y Q K T I Q D G B R B W S
I J M Q Y P Z L O U W G E I X Q A P
R H T G V Y O K M D X K D Z K Z H A
J X J K W Z H C A S I L L A S N D T
S P A P R P A A S D S S X R J H A J
Y Y I K J Y N X E Q I S L R Z V S E
E Z W L K X G R K B G C F E O A A N
N E P X X L E O V A Z H J T V A Y N
B N T L I G L Y D N W U C A N Y E I
I F N L F R I B H J K M S B K Y V N
B A V C F Y R M R D H A B J M V G G
V I S V W V I M Q T U C N M U H C S
D W I C Z C B W K R M H I G U I T A
J H M J I D A V I D D E G E A O K A
N C R K T E R X L A N R D E M D B P
D G W K T O O L O Z Q H F T Q T V B
```

Tomášek
Casillas
PatJennings
FabienBarthez

Higuita
DaviddeGea
Zubizarreta

Dasayev
Schumacher
ÁngelIribar

Soccer Words that Start with A

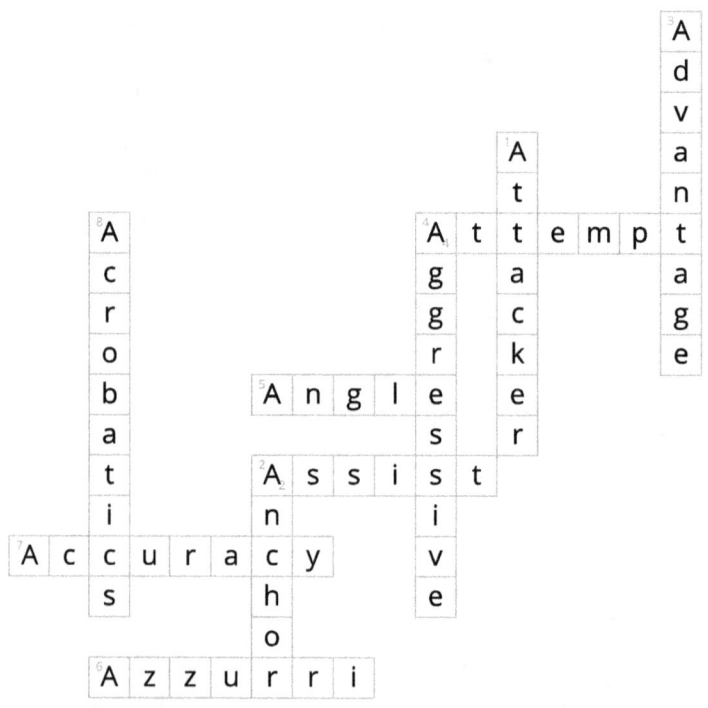

Soccer Words that Start with B

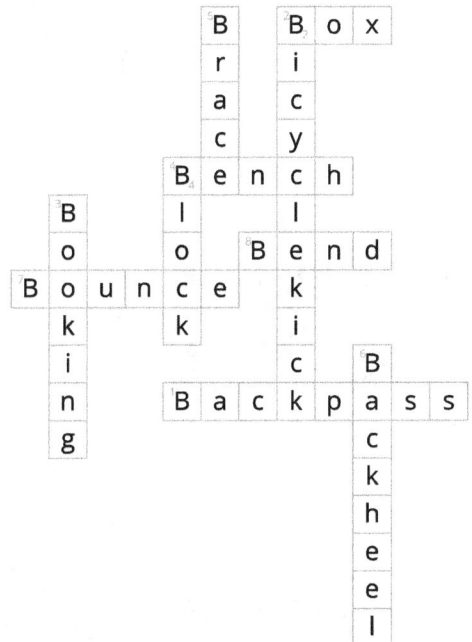

Soccer Words that Start with C

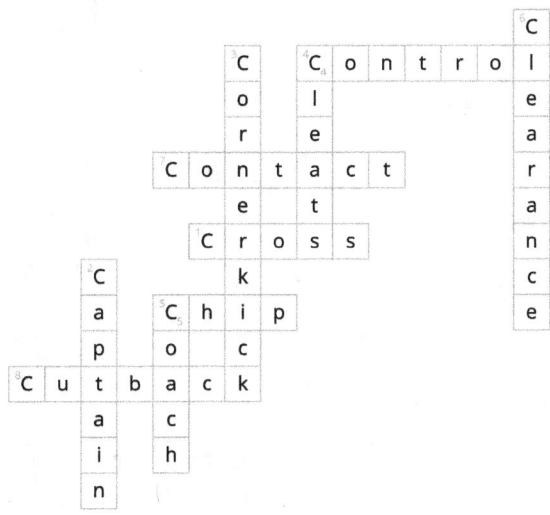

Soccer Words that Start with D

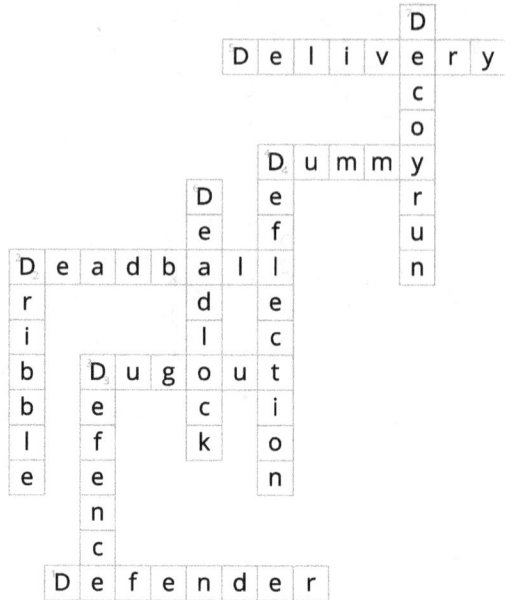

Soccer Words that Start with E

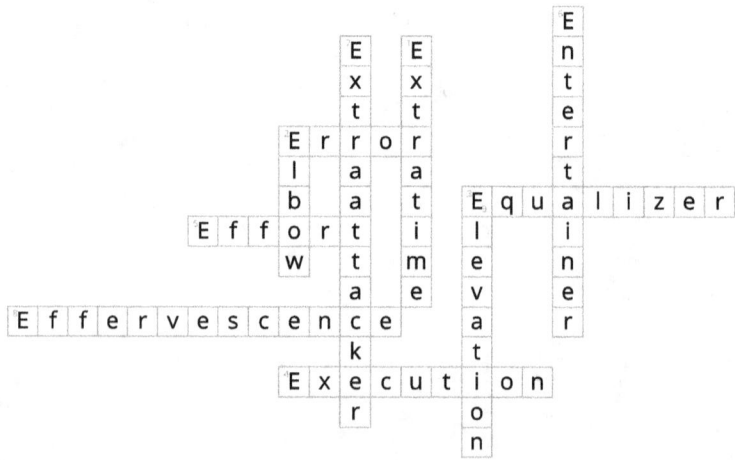

Soccer Words that Start with F

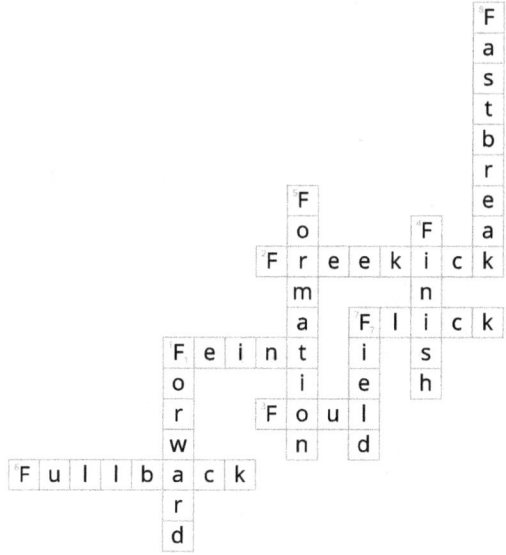

Soccer Words that Start with G

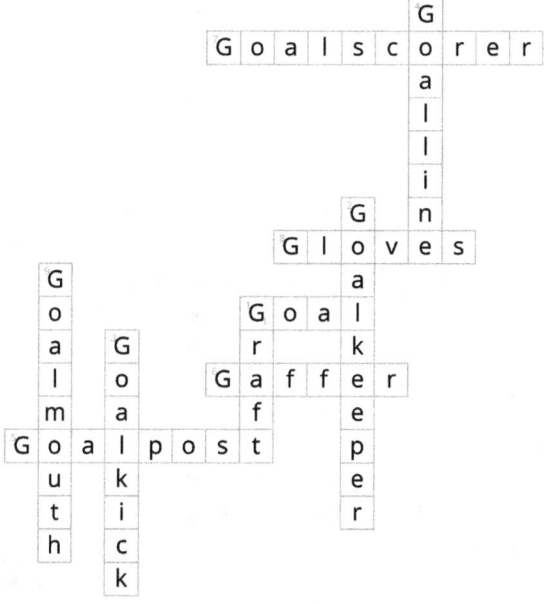

Soccer Words that Start with H

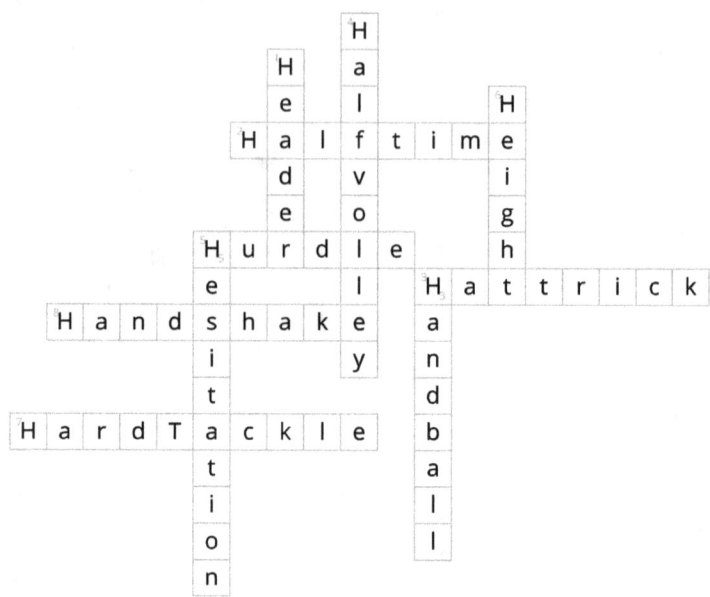

Soccer Words that Start with I

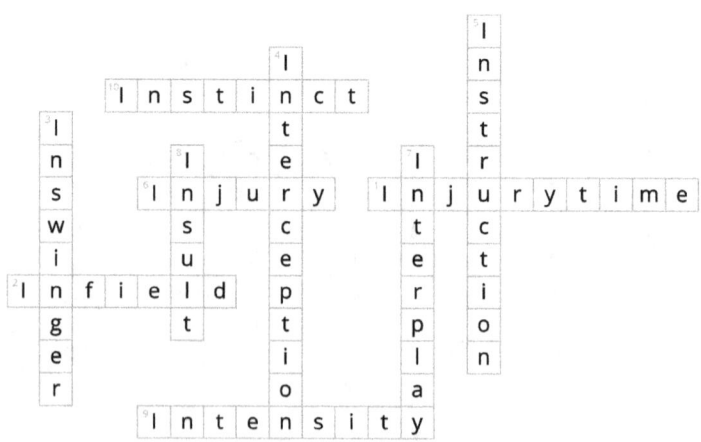

Soccer Words that Start with J

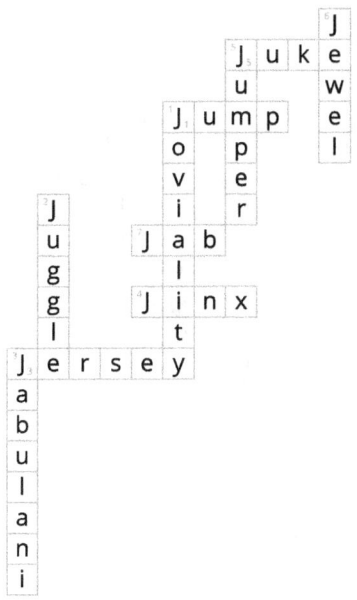

Soccer Words that Start with K

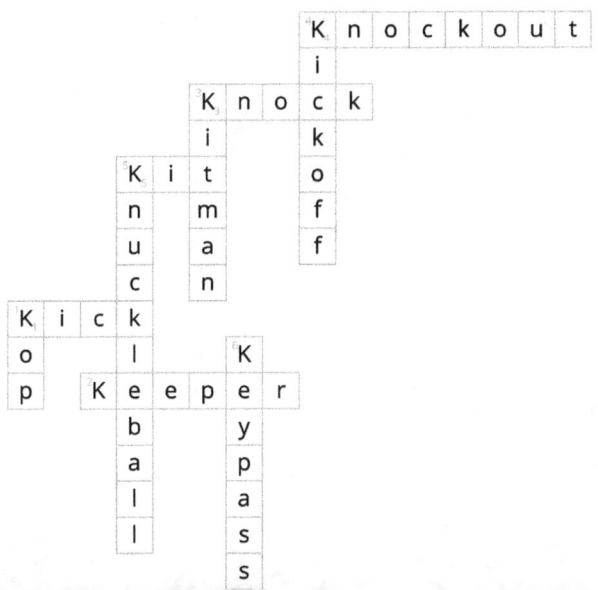

Soccer Words that Start with L

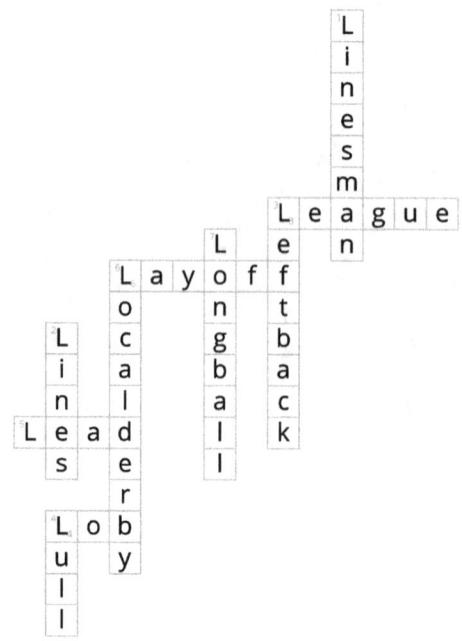

Soccer Words that Start with M

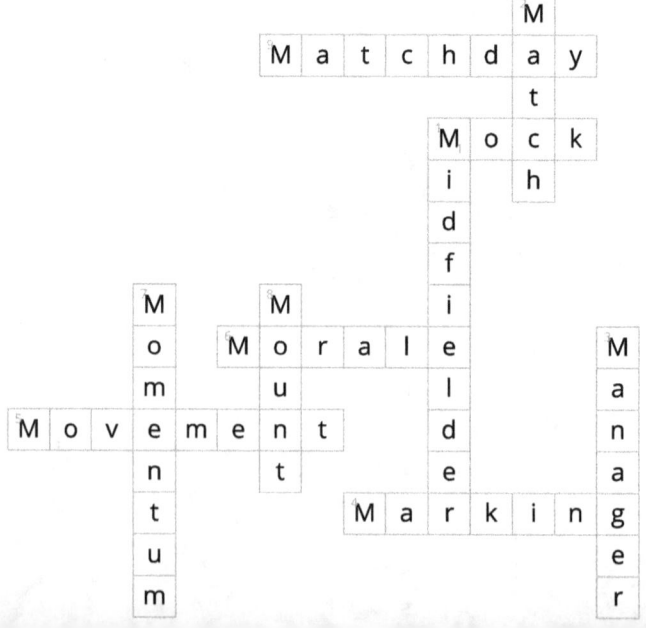

Soccer Words that Start with N

Soccer Words that Start with O

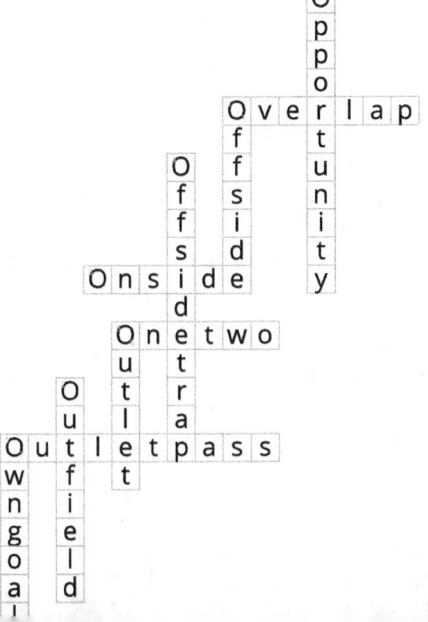

Soccer Words that Start with P

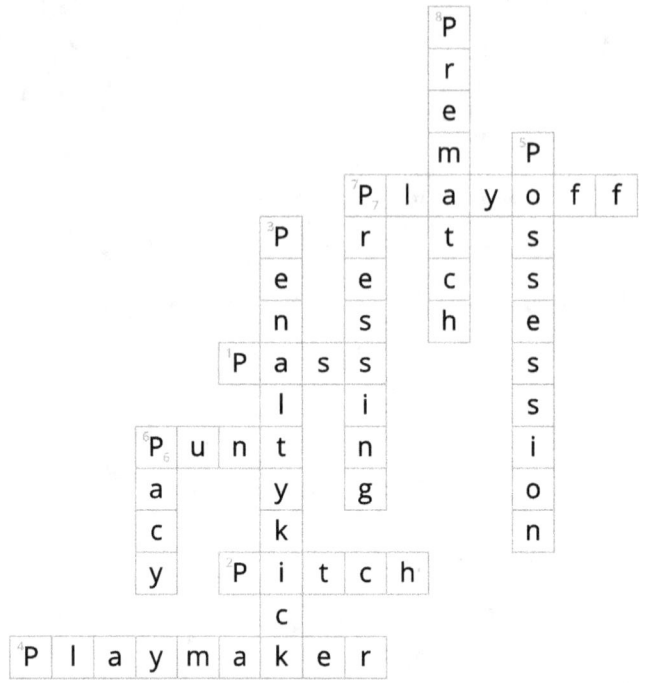

Soccer Words that Start with Q

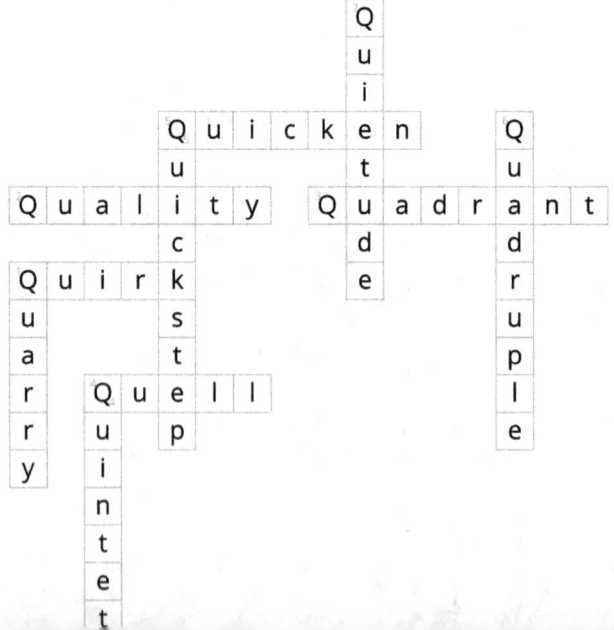

Soccer Words that Start with R

Soccer Words that Start with S

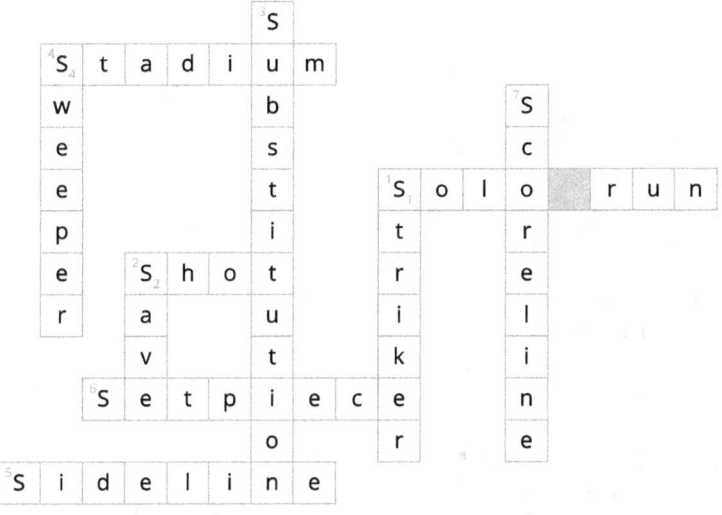

Soccer Words that Start with T

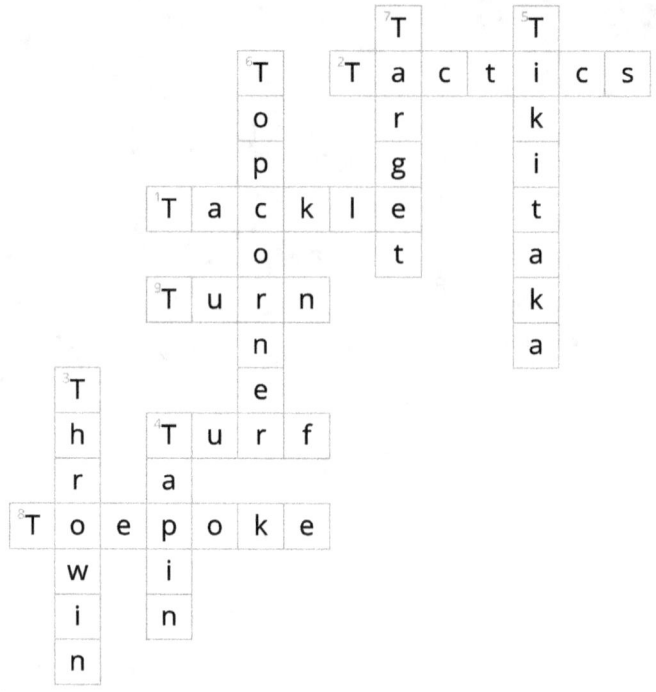

Soccer Words that Start with U

Soccer Words that Start with V

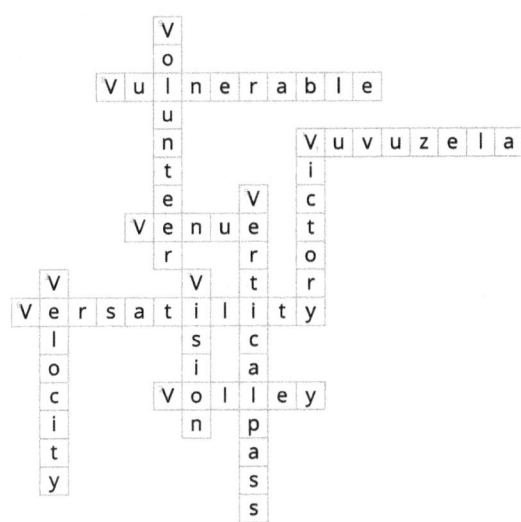

Soccer Words that Start with W,X,Y,Z

www.ingramcontent.com/pod-product-compliance
Lightning Source LLC
Chambersburg PA
CBHW050303120526
44590CB00016B/2467